U0506616

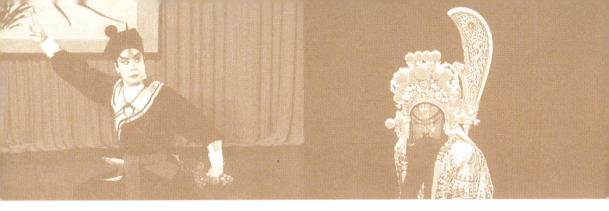

谢柏梁 主编

中国京昆艺术家传记丛书

铁板铜琶大江东
侯少奎传

胡明明 著

上海古籍出版社

《中国京昆艺术家传记》丛书
指导支持单位与编纂委员会名单

丛书指导单位

中华人民共和国文化部
中国人民政治协商会议全国委员会京昆室
中国文学艺术界联合会
中国戏剧家协会

丛书财政支持与直接领导单位

北京市教育委员会
北京市财政局
中国戏曲学院

丛书顾问委员会

曾永义　龚和德　洪惟助　薛若琳　齐森华　廖　奔
季国平　赵景发　舒　晓　周　龙　巴　图　吕育中

丛书主编

谢柏梁

侯少奎

《单刀会》, 侯少奎饰关公 (2006, 吴赣生摄影)

《单刀会》，侯永奎饰关公，白玉珍饰周仓（1956）

《单刀会》，侯少奎饰关公，侯宝江饰周仓（2011，吴赣生摄影）

《金关公》，侯少奎饰关公（2010，张芷平摄影）

《林冲夜奔》，侯少奎饰林冲（1985，吴赣生摄影）

《千里送京娘》，侯少奎饰赵匡胤，周好璐饰京娘

《义侠记》，侯少奎饰武松，魏春荣饰潘金莲

京剧《铁笼山》，侯少奎饰姜维

京剧《四平山》，侯少奎饰李元霸
（2006，吴赣生摄影）

侯少奎在戴盔头（《四平山》）

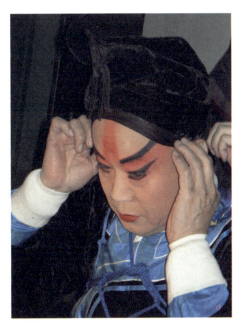

侯少奎在戴罗帽（《林冲夜奔》）

侯少奎在勒头（《单刀会》）

侯少奎在穿戏服（《千里送京娘》）

侯少奎与裴艳玲合影（2011，吴赣生摄影）

"百年风华——昆曲大师侯永奎先生诞辰一百周年纪念演出"合影（2011，吴赣生摄影）
（左起）前排：曹志威、项卫东、赵宇涛、周志毅、唐荣、孙晶
中排：王惕、王恂、王立军、蔡正仁、侯少奎、裴艳玲、计镇华、周世琮
后排：沈国芳、杨帆、周好璐、侯宝江、谷峰、王锋、海军、白晓君、许乃强、吴双、陈莉

侯少奎与妻子王燕菊的结婚照（1967）

侯少奎与两个女儿侯爽晖（左）、侯晓牧合影（2012）

总 序

一

　　在宇宙的浩瀚星空中,我们人类所居住的地球,无疑是最有灵性的星球之一。

　　人类作为地球的主人,其源远流长的创造与发展变化的历史,主要由各行各业的杰出人物所代表,由各色各样的奋斗历程所体现。

　　在美丽地球的东方世界,在古老而又年轻的中国,历朝历代的历史大家们,一向以对各式各类人物事迹的记述与描摹作为己任。我国的人物传记体裁丰富多样,大致可以分为纪传(皇家大事记)、文传(文学化传记)、史传(历史家所写人物传记)、志传(各地方志中所记载的本地人物传记)这四大类别。四类传记彼此发明,互为补充,构成了中国传记文化的多元谱系。

　　从左史记言、右史记事的专业化分工,到《左传》、《国语》、《战国策》式的整体氛围感的描述,最后由司马迁振臂一呼,以人物传记体为中心的《史记》横空出世。《史记》记载了地球东方的上自传说中的黄帝时代、下至汉武帝元狩元年(前122)共3000多年的华夏历史。概述历代帝王本末的十二本纪,记录诸侯国和汉代诸侯兴废的三十世家,描摹重要历史人物的七十列传,使之成为号称"史家之绝唱,无韵之离骚"的中国历史上第一部纪传体通史。

　　在《史记·孔子世家》所记载的夹谷会盟中,孔夫子面对"优倡侏儒为戏而前"

的表演场面,在非常严肃而力图放松的外交场合下,做出了特别粗暴野蛮的极端化处理。这也成为历代梨园界对孔子不够恭敬的源头。此后历代史书方志,都不同程度地涉及优伶们的言行事迹。

魏晋以降,文史两家由混成到分野,自一体而两适。文者重藻饰心曲,史家倡材料事实,各臻其至,泾渭分明。隋唐而后,碑铭行传,五花八门,高手操觚,佳作如云。韩愈《祭十二郎文》情深委婉,柳宗元为慧能所作碑文机趣横生。

北宋乐史作《太平寰宇记》,分地区而织入姓氏人物,因人物又详及诗词、官职,"后来方志必列人物艺文者,其体皆始于史"(《四库全书总目提要》)。

太平世界,因人物而繁盛;梨园天地,赖优伶而生存。

美妙绝伦的中华戏曲艺术从唐代的梨园开始,至少存在了漫长的 10 个世纪。千百年以来,戏曲艺术一直在蓬勃兴旺地发展,成为中国人民雅俗共赏的朵朵奇葩、民族文化中不可忽视的重要部类、戏剧天地内中华文化的闪亮名片、国际社会审美天地中的东方奇观。

较早对优伶进行分类撰述的史书,是宋代大文学家欧阳修的《新五代史》。该书包含了分类列传四十五卷,这种分类传的体例较有特色,其中就包括了《伶官传》。一向被人们所津津乐道,甚至还被收入到中学教科书的《新五代史·伶官传序》云:"《书》曰:'满招损,谦受益。'忧劳可以兴国,逸豫可以亡身,自然之理也。故方其盛也,举天下之豪杰,莫能与之争;及其衰也,数十伶人困之,而身死国灭,为天下笑。夫祸患常积于忽微,而智勇多困于所溺,岂独伶人也哉!"尽管欧阳修的本意是说祸患之起乃多方面的原因所累积爆发而成,但还是对表演艺术家们带来了较大的负面影响。

与东土中国的情形完全不同,西方世界对于戏剧艺术家的看法与评价完全不一样。对于以三大悲剧家和一大喜剧家作为代表的古希腊戏剧家,对于以莎士比亚、歌德、席勒等的西方戏剧界的灿烂星座,西方人给予了无限崇敬和由衷热爱。

晚清以来最早睁开眼睛看世界的中国人,是那些在西方世界出使、考察或者读书的官员士子。当他们瞻仰到西洋剧院的建筑艺术之华美绝伦、内部装饰之金碧辉煌后,不由地发出由衷的赞美,感叹西洋剧院其"规模壮阔逾于王宫",特别是舞台上的机关布景之生动逼真,变幻无穷,"令观者若身历其境,疑非人间";至于西方的戏剧艺术家地位之高贵,更是令国人叹为观止:所谓"英俗演剧者为艺士,非如中国优伶之贱","优伶声价之重,直与王公争衡"!

人类的艺术天地原本皆是可以共同分享的,何以东西方对于戏剧艺术家的认同度与景仰度,相差之大犹若天壤之别呢?泱泱中华,文明古国,难道就没有有识之士站出来振臂一呼,为戏剧艺术家们说几句公道话吗?

二

江山代有才人出,是非终有识者论。

我国历史上,首度给予戏曲艺术家们全方位高度评价的文人,是元代的钟嗣成(约1279—约1360)。这位祖籍大梁(今河南开封)的人士,长期生活在素有天堂之称的杭州城。他先在杭州官学读书,师从于邓文原、曹鉴、刘濩等名家宿儒,又与对戏曲有着共同爱好的赵良弼、屈恭之、刘宣子、李齐贤等人同窗攻书,其乐融融。有记载说,钟嗣成曾一度在江浙行省任掾史。他自己写过《寄情韩翊章台柳》、《讥货赂鲁褒钱神论》、《宴瑶池王母蟠桃会》、《孝谏郑庄公》、《韩信泜水斩陈余》、《汉高祖诈游云梦》、《冯骥烧券》等7种杂剧,但不知为何皆已散佚。

真正使得钟嗣成开宗立派、名传青史的著作,还是其为中华民族有史以来第一代剧作家描容写心、传神存照、树碑立传的《录鬼簿》。

《录鬼簿》上卷分"前辈已死名公有乐府行于世者"、"方今名公"、"前辈已死名公才人有所编传奇行于世者"三类,这三类名公才人之情形,乃其友陆仲良从"克斋吴公"处辗转所得,故"未尽其详"。下卷分为"方今已亡名公才人余相知者为之作传,以[凌波曲]吊之"、"已死才人不相知者"、"方今才人相知者,纪其姓名行实并所编"、"方今才人闻名而不相知者"四类。这上下两卷书大体依据时代之先后加以排列,一共记述了152位元杂剧及散曲作家的基本情况,同时也记录了400余种剧目。

我很欣赏钟嗣成的"不死之鬼"说。在他看来,天地开辟,亘古及今,自有不死之鬼。何则?圣贤之君臣,忠孝之士子,小善大功,著在方册者,日月炳焕,山川流峙,及乎千万劫无穷已,是则虽鬼而不鬼者也。

不死之鬼,是为不朽之神或曰永恒之圣。在钟氏的神圣谱系中,那些门第卑微、职位不振的剧作家,那些高才博识、俱有可录的梨园才人,都值得传其本末,叙其姓名,述其所作,吊以乐章,使之名传青史,彪炳千秋,泽及后世。

因此,写作《录鬼簿》更为重要而直接的意义,还在于对于后学的直接指导和充分激励。"冀乎初学之士,刻意词章,使冰寒于水,青胜于蓝,则亦幸矣。名之曰录鬼簿。"惟其如此,则杂剧戏文创作之道,才可能被一代代年轻的才人们所自觉自愿地衣钵相传,推陈出新,生生不已,得到更加健康的发展。

元杂剧作为中国戏剧史上第一个黄金时代,需要有人进行认真的归纳和总结。从此意义上言,钟嗣成在中国的地位,因为其成书于至顺元年(1330)的《录鬼簿》之横空出世,甚至可以与西方的大学问家亚里斯多德的《诗学》等书相提并论。

有明一代,在贾仲明所增补的天一阁蓝格钞本《录鬼簿》之后,又附有约成书于洪熙、宣德(1425—1435)年间的《录鬼簿续编》一卷。该书直接受到《录鬼簿》的影响,以相同的体例记述了元、明之间一些戏曲家、散曲家的大致事迹,接续前贤,踵事增华,令人欣慰。

自兹之后,从总体上对于当代戏曲作家进行专门记载和研究的著作,从明清两代至中华民国,皆未得见。中华人民共和国建国以来,安葵的《当代戏曲作家论》和本人的《中国当代戏曲文学史》等相应的专著,都属于《录鬼簿》的悠远传统在新时代的传承、师范和发展。

三

与《录鬼簿》蔚为双璧的元代重要戏曲典籍,是生于元延祐年间、卒于明初的华亭(今上海松江)人夏庭芝所撰的《青楼集》。前书论作家,后者集演员,正好勾勒出元代戏曲艺术家中两个最为重要部类的旖旎景观和绰约风采。

《青楼集》成书于元至正乙未十五年(1355),该书记述了从元大都到山东,从湖广武昌到金陵、维扬以及江浙其他地方的歌妓、艺人共110余人的简约事迹。这些女演员们各自身怀绝技,有的在杂剧、院本、诸宫调方面负有盛名,有的在嘌唱、乐器和舞蹈等项目上造诣颇深。有的演员如珠帘秀的弟子赛帘秀在双目失明之后,依然能在舞台上正常表演,"出门入户,步线行针,不差毫发";脚步地位,规范犹在,这是多么高深的艺术造诣!

也正是因为她们的色艺双绝,声名鹊起,所以才引起了社会各界的热切关注和诸多应酬往还。书中除了记载与她们有过合作关系的20多位男伶之外,还记录了她们与诸多戏曲散曲作家等文人士子的交情。甚至有50多位达官贵人、名公士大夫,都与这些女演员们有着或多或少、或深或浅的广泛交往。一部《青楼集》,作为第一部比较简练而系统的表演艺术家史传,对研究元代演剧、表演艺术、演员行迹与时代风尚等多方面的话题,都具备非常重要的史料价值和文化意义。

明清以来,与关于戏曲剧作家的记录相对寂寥的研究局面不一样,类似明代潘之恒《鸾啸小品》之类关于演员与表演艺术的文献相对较多。表演艺术家们的优美声容及其较大的社会影响力,使他们得到了较多的关注和充盈的记载。

清代,戏曲艺术进入另一个鼎盛时期,演员记录极为丰富。《清代梨园燕都史料》中所收录的《燕兰小谱》、《日下看花记》等几十种书,都对演员予以了主体性的关注。如小铁笛道人在《日下看花记》自序中论及其作传缘起云:

> 唐有雅乐部。宋时院本始标花旦之名,南北部恒参用之。每部多不过四、三人而已。有明肇始昆腔,洋洋盈耳。而弋阳、梆子、琴、柳各腔,南北繁会,笙磬同音,歌咏升平,伶工荟萃,莫盛于京华。往者,六大班旗鼓相当,名优云集,一时称盛。嗣自川派擅场,蹈蹈竞胜,坠髻争妍,如火如荼,目不暇给,风气一新。迩来徽部迭兴,踵事增华,人浮于剧,联络五方之音,合为一致,舞衣歌扇,风调又非卅年前矣。……录成一稿,名之曰《日下看花记》。梨园月旦,花国董狐,盖其慎哉。余别有《杨柳春词》一册,备载芳名,以志网罗,无俾遗珠之叹。凡不登斯录者,毋怼予为寡情也。

这段序言,既有史识在,又有人情浓,令人为之莞尔首肯。

民国以来,由于出版业的发达与报刊传媒业的勃兴,又使得关于演员的记载、评选和评论蔚为大观。民国二十七年(1938)由徐慕云编著的《中国戏剧史》(上海世界书局出版)卷一专列《古今优伶戏曲史》,以编年体形式,研究家的眼光,纵述自先秦以来直到民国戏曲演员的大的历史线索与知名演员,颇具史家眼光。

近些年来,北京学者孙崇涛、徐宏图等人合著的《戏曲优伶史》(文化艺术出版社1990年)和上海学者谭帆的《优伶史》(上海文艺出版社1995年)先后问世,这都是关于中国历代演员事迹的研究著作。

四

中华人民共和国成立以来,戏剧艺术家的位置得到了前所未有的大提高。在全国政协委员和全国人大代表的席位中,戏剧家特别是戏曲表演艺术家都占有一定的比例。

　　与此同时,关于戏曲表演艺术家的各种传记资料愈来愈繁盛起来。最负盛名的自传性著作,是梅兰芳的《舞台生活四十年》。盖叫天的《粉墨春秋》,也曾激励过业内外的诸多读者。

　　20世纪末叶到21世纪初叶以来,戏曲艺术家的传记纷纷面世。诸如河北教育出版社、中国戏剧出版社、中国青年出版社、文化艺术出版社等多家单位,都出版过不少戏曲家传记。

　　有鉴于目前出版的一些戏曲家传记,还存在着收录偏少、体例不全的遗憾,随着新资料的发现、新人物的涌现,社会各界迫切需要一套相对系统、完整些的戏曲人物传记资料。这既是对钟嗣成、夏庭芝等人开拓的曲家与伶人传记之风的现代传承,也是在国学与民族艺术学越来越受到全民重视的前提之下,从戏曲艺术家传记方面所做出的积极呼应。

　　在中国已经崛起为世界上第二大经济体的今天,在中国商品出口多、文化输出少的不对称情形下,在国际社会与世界戏剧界关于中国民族戏剧的热切关注下,一部系统的中国戏曲家传记丛书呼之欲出。

　　作为中国戏曲人才培养与学术研究的专业化最高学府,中国戏曲学院理所当然地应该担当起编纂中国戏曲艺术家传记丛书的重任。而且今天的戏曲艺术家丛书,既包括了演员与编剧在内,也同样不会遗漏著名的戏曲音乐家和舞美设计家等不同专业的代表人物。

　　中国戏曲学院的表、导、音、舞、美等不同系科,都对本专业的佼佼者了如指掌。在教师、研究生和本科生三结合的编纂模式下,在文献资料收集、当事人采访调查、专辑文本写作修改等较为漫长的过程中,学院都有着较为雄厚的人才基础。有道是铁打的校园水流的学生,也只有中国戏曲学院才能一直具备较为丰富而新鲜的专业化人力资源。

　　在北京市教育委员会的慧眼关照下,在上海文化基金会的支持下,在中国戏曲学院领导与师生的有效指导与大力参与下,在社会各界贤达众人相帮、共襄盛举的积极姿态下,《中国京昆艺术家传记丛书》终于正式立项。从2010年到2011年两年间,上海古籍出版社已经出版了12种京昆人物传记。从2012年开始,这套丛书将以月出一本的节奏,稳步运行,逐步推进。

　　2011年12月30日,《中国京昆艺术家传记丛书》新书发布会及学术研讨会在京隆重召开。此次盛会由全国政协京昆室、文化部艺术局支持,北京市教委、上海文化基金会、中国戏曲学院、上海世纪出版集团联合主办。中国戏曲学院戏文系和上海古籍出版社具体承办。

国务院艺术学科评议组召集人仲呈祥、全国政协京昆室负责人赵景发、王春祥、文化部外联局舒晓书记、中国戏曲学会会长薛若琳、副会长龚和德、王安奎、北京戏剧家协会名誉主席郭启宏、中国艺术研究院话剧所前所长田本相等40余名院内外领导与专家出席了会议并发表了讲话。《中国戏剧》主编晓赓、《中国演员》主编陈牧,《中国京剧》、《戏曲研究》、《光明日报》、《新民晚报》等多家报刊的相关编辑参与了盛会。中国戏曲学院李世英副书记、上海古籍出版社田松青主任分别致欢迎词。张永和、翁思再、和宝堂、陈珂、陈培仲、田志平等院内外传记作者代表分别就自己的撰写情形作了交流。大家共同期待这套丛书能够成为中国戏曲学院的诸多学术与专业品牌之一,为弘扬京昆传统、继承国粹艺术、深化联合国教科文组织人类口头与非物质文化遗产代表作的研究与推广,发挥其应有的作用。

我们打算用五年时间,首先推出京昆艺术家当中的重要人物传记。五年之后,评传工程将向着越剧、黄梅戏、豫剧和粤剧等地方戏的各大剧种之领军人物转移,持续推进。积之以时日,继之以心力,伴随着梨园界各方贤达和社会各界有识之士的支持,中国戏曲艺术家的系列传记就一定能够在太平盛世当中积少成多,聚沙成塔,共同托举出中华文化中戏曲艺术家的辉煌群像。

五

本套丛书首批推出的系列传记,都属于中国京昆艺术家的可观序列。

昆曲,既是京剧之前最具备代表意义的"前国剧",又是戏曲剧本文学性较强、表演艺术趋于典范精美的大剧种,还是2002年起首批被联合国教科文组织列入"人类口头与非物质文化遗产"名录、具备较大国际影响的古典剧种。

从1917年开始,吴梅先生在北大开辟了戏曲教学的先例。在他的指导、启发和参与下,由上海的实业家穆藕初赞助,昆剧传习所在苏州正式开班,培养了承前启后的"传"字辈演员。设非如此,兰苑遗音,古典仙音,险些儿作广陵散,斯人去矣,芳踪难寻。至于北昆的韩世昌、白云生等人,也都是正式拜过吴梅先生的嫡传徒弟。这些人,这些事,不可不写,不可不传。

京剧,至今被公认为中国戏曲最具代表性的剧种,海内外的不少人索性将其称为"国剧",也被列入人类非物质文化遗产代表作,得到社会大众的认同。京剧表演艺术家,流派纷呈,各称其盛,具备非常广泛的群众基础,也在世界各国都具备较高的知名度。这些角儿,这些流派,不可不述,不可不歌。

因此,昆曲类传记中,首先推出的是近代戏曲学术大师吴梅、昆剧表演艺术大师俞振飞和素负盛名的昆剧"传"字辈老艺人;京剧类传记中,"四大须生"与"四大名旦"等名宿传记也规划较早。

细心的读者很快将会发现,在本套丛书中,大多数都是众所公认的戏曲界大师,但也还有部分正处在发展过程的中年名家。或许有人要问:既然曰传,树碑立传,盖棺才能论定,中年才俊尚还处于发展过程之中,缘何仓促为之写传?

此问有理,但又不全正确。须知任何一时代较有影响的人物,首先是被同时代的人们所热爱。举例说来,于魁智、李胜素和张火丁等人都还处在发展前进的艺术路上,可是他们也确实拥有大量的观众群。那些忠实的粉丝们,迫切需要知道他们心中偶像的更多情形。那么,为同时代的人们的戏曲界偶像树碑立传,实属必要。再比方今天我们的诸多梅兰芳传记,实际上更多的是具备历史文献的意义,因为现存的大部分观众再也无缘得睹梅大师演出的现场风采了。

更有甚者,我们与《中国京剧》的朋友们总是计划某月某日去采访某一位德高望重的艺术家。可是每当我们如期去实地采访时,常常会发现老人家年事已高,对于昔日的风采与精彩的艺术,已经很难清楚地加以表述了。英雄暮年,情何以堪?

至于有时候看到讣告上的名家,原本已经列入我们要拜访的日程表上,但是拜访者尚未成行,受访者却已经远行,远行到另外一个遥远而不可及的世界中去也!天壤永隔,沟通万难,那就更属于永远的遗憾了。

有鉴于此,我们提倡两次写传法或曰多次写传法。此次先写名家的壮年时期,未来再补足传主的晚年事迹,这样的传记,也许更加齐备可靠一些。若必要年老而可写,若必等盖棺而论定,却使后人对前辈艺术家知之甚少,叙之渺渺,称之信史,恐也非理想之传记。

传记的生命力在于讲述一个个真实的故事,演出一幕幕人生的大戏。但是如何讲好故事,怎样使得故事讲得精彩动人,令人读后余香满口,味道袭人,实属不易。《史通》说:"夫史之称美者,以叙事为先,至若书功过,记善恶,文而不丽,质而非野,使人味其滋旨,怀其德音,三复忘疲,百遍无斁。"

戏曲艺术家们在舞台上创造了富于美感的各色人物形象,但在生活中却还是一位凡人,或者说往往是一位烦恼更多的凡人。如何使得生活中的凡人和舞台上各色才子佳人、贤士高官和其他或正或邪的人物形象有机地对接起来,更是亟需在传记写作过程中不断探索的难关。

传记包括家族身世、教育承传、艺术人生和舞台创造等部分,也酌选精彩而有历史价值的照片,以期图文并茂,赏心悦目。传记强调文献记载、口述历史与适度评述相结合。附录包括大事年表、源流谱系、研究资料索引等。每位传主的评传大约15万字,俱以单行本方式印行出版。

二百年来,风云变幻,梨园天地,名家辈出。区区一套丛书,尽管编者力图使之相对完整系统一些,但挂一漏万、沧海遗珠的现象,还是不能避免。即便收入本丛书中的名家大师,由于多侧面历史的诸多误会以及材料的相对匮乏,由于诸多热情有余、经验不足的年轻人的参与,错讹之处,在所难免。尚求方家不吝指正,遂使学问一道,有所长进;梨园群星,光芒璀璨。这也正好呼应了马克思的人物传记理想,那就是写人物应当从感情气势上具备"强烈色彩"、"栩栩如生",力求达到恩格斯关于人物形象应当"光芒夺目"的审美理想。

尽管为梨园界的艺术家们作传,从理论上看厥功甚伟,但实际工作却常常举步维艰。甚至梨园界的一些同仁乃至某些传主的家属学生,也都会存在着一些不一致的想法。尽管前路漫漫,云雾遮蔽,甚至常常山重水复,坎坷难行,但是坚定的追求者和行路人还是会历经千辛万苦,抹去一路风尘,汇聚锦绣文章,迎来晨曦微明。

彼时彼刻,仰望戏曲艺术的长空,那一颗颗晶莹的晨星正在深情地闪烁着动人的光华。晨钟响起,无限芳馨远播,那正是全体传记写作人和得以分享传记的读书人,以及关心本套丛书的戏迷和社会各界朋友们的无量福音。

谢柏梁

2012 年元旦

(本丛书主编为中国戏曲学院戏文系主任,北京市特聘教授与教学名师,国务院政府特殊津贴专家,中国戏剧文学学会副会长)

序

　　2012年7月21日下午,我刚从俄罗斯、北欧旅游归来的第三天,便应胡明明先生之约请,赶赴京南宣武大观园讨论《中国昆曲(北方)史稿》的编纂事宜,不想遇到北京历史上有完整气象资料的61年来未曾遇到过的滂沱豪雨,京城一片汪洋。潇潇雨声中,我们谈天说地,论戏评艺,很快说到为上海古籍出版社即将出版的《铁板铜琶大江东——侯少奎传》写序一事。胡明明诚恳地一再约我为这本书作个短序,特写下几句感言。

　　遥想当年,钟嗣成和夏庭芝为沉抑下层的书会才人和身处卑贱的艺人树碑立传,把他(她)们提升到可与"圣贤之君臣"并列的崇高位置,并对难登大雅之堂的小道戏曲给予了热情而充分的肯定,堪称空谷足音,功莫大焉。而今,在昆曲亟须挖掘、抢救、传承、创新的关键时刻,为北方昆曲的"品牌"和领军人物——大武生侯少奎先生作传,可谓恰逢其时,意义匪浅。

　　时代、地域、环境是影响文学艺术发展的重要因素。流播北京的昆曲,早在明万历年间,就采取昆、弋(高腔)合演的形式,谓之"昆弋大戏"。到了清初,昆、弋(高腔)合演的戏班、剧目大量出现,演出盛况空前。由于受到弋腔的沁润,加上北方语音、风俗的影响,北方的昆曲呈现出与南方昆曲不同的韵味和风貌。伴随着"安庆"、"荣庆"的兴衰起伏,先后涌现出韩世昌、白云生、侯永奎、侯玉山、马祥麟等一批有想法、有绝活、有特色的昆弋艺术家,成为北方昆曲的"老字号"品牌。

其中,特色鲜明、未曾中断、后继有人的流派首推侯派艺术。燕赵悲歌慷慨之风奠定了侯派艺术气势磅礴、醇厚苍劲、高亢激越、豪放雄健的独特风格,英雄情结成为侯派艺术的精神和灵魂,伟人的赞许与推荐使侯派艺术如虎添翼。侯少奎以其良好的天赋条件、深厚的家学渊源,加上个人毕生的探索和拼搏,在北昆大武生行当中独步当代,蜚声昆坛。尤其是他在舞台上男儿宝剑的悲壮情怀(《夜奔》)、偃月单刀的轩昂气宇(《单刀会》)、风云蟠龙的风情韵致(《千里送京娘》),令人倾倒。

戏谚云“状元三年一个,十三旦[1]盖世无双”,戏曲表演人才十分难得。君不见眼下大师满天飞,国宝遍地跑,但昆曲界可只有一个大武生侯少奎啊!2011年12月2日,在“百年风华——昆曲大师侯永奎先生诞辰100周年纪念演出”大会上,72岁的侯少奎先生粉墨披挂,登台献演“双出”:开场一出京剧《四平山》,蹲底一出昆曲《单刀会》,昆乱不挡,雄风仍在,作为精彩的瞬间定格于昆曲史册。但随着时代的发展,传统如何继承?新篇如何谱写?培养造就昆曲事业接班人是刻不容缓的历史使命。北方昆曲的当务之急是:在对已经过世的韩世昌、白云生、侯永奎、侯玉山、马祥麟等艺术道路和艺术成就进行深度挖掘、整理、研究的同时,尤其要趁侯少奎先生健在之时,更加深入细致地梳理他的艺术道路,全方位地总结他的舞台经验,多培养几个优秀的大武生,以弘扬侯派艺术,彰显北昆特色。

回首来路,北方昆曲历尽沧桑,曾有过辉煌的黄金时期,也有过多次的危机与衰落。特别是在战乱年代,数度陷于消亡的边缘。北方昆曲之所以能度过种种危难,一直流传于今,主要依靠艺术家的艰苦努力,代代传承。人才是决定北方昆曲艺术命运的根本,只要拥有一批优秀的演员,培养越来越多的热心观众,北方昆曲的繁荣定会梦想成真!

周传家

2012年7月

(本序作者周传家为北京联合大学应用文理学院教授、著名戏曲史专家、戏剧评论家。)

---

[1] 十三旦:侯俊山(1854—1935),艺名“十三旦”,自幼学习晋剧,17岁进京改唱河北梆子,是河北梆子创始人之一。侯俊山戏路宽,集武生、各种旦角于一身,曾进清升平署入宫唱戏达10年之久。被清大学士徐桐麟赞誉为:“状元三年一个,十三旦盖世无双。”

目　录

第一章　家世篇

中国戏曲多世家,"口传心授"之使然,而"口传心授"最好的方式就是家传。侯少奎就出身于这样一个世家里。这是北方昆曲目前仅存的有同门嫡宗传人传承并形成独特艺术风格、留下传世经典剧目的一个世家。它发轫于北方昆曲,见证了北方昆曲百多年风风雨雨之艰辛历程……

一、河北"玉田侯"

侯家唱戏的历史是从侯少奎的爷爷侯益才开始的。

侯益才,京东玉田县人,唱旦角,即"男旦";侯益才的弟弟,也就是侯少奎的二爷,叫侯益泰,唱小生。

侯益才与侯益泰1887年入京东玉田县"益和班"坐科学戏,所以名字里都有个"益"字。当时是昆弋两下锅,昆腔也唱,弋阳腔也唱。旧社会所谓坐科就是到一家职业的私人戏班里跟师傅学戏,要签合同,那时叫"关书",实际就是卖身契。学戏期间,学生的一切衣食住行等不必家中负担,可学生的一切演出收入都归师傅或班社所有。而所谓搭班就是坐科完后参加工作,可以到私人班社挂牌演戏,可以有属于自己的包银了。

从晚清到民国时期,北方昆曲大都是以民间昆弋班社的形式存在的,几个人合股买份戏箱就可以成立一个班社,所以昆弋班社很多,也很复杂,起起浮浮。如果以演员的来源和地域分,基本上分两大块:一块是集中在河北高阳一带,也就是北京以南,如北方昆曲剧院的韩世昌、马祥麟、侯玉山等老前辈都是来自河北高阳;另一块集中在河北玉田一带,即北京以东,历史上培养了很多有名的演员,如著名的"猴王"郝振基就是属于京东的,还有侯益才、侯益泰等人。

侯益才的拿手戏是"猴变",是高腔戏,即弋阳腔戏。这个戏演的是一个女子被一个猴给附体迷住了。侯益才是男旦,演这个女子,学猴的各种动作,演、唱、舞都非常好,所以极有名。侯益泰唱《雷峰塔》中的许仙很出色,有"活许仙"之称。当时京南有个名演员叫"银娃娃",后来京南的观众因为侯益泰唱得好,给他起了个外号叫"盖京南银娃娃"。侯益才和侯益泰出科后,一旦一生,搭班唱戏。从玉田一直到保定,沿路有 13 台大戏都是昆班。从保定又往南走到了高阳、饶阳一带唱戏,那时他们 40 多岁。

二、"荣庆社"合股人

侯益才和侯益泰在"益和"出科后搭班演昆弋是从清光绪二十六年(1900)入"庆长班"[1]开始的,两人先后入过"庆长班"和"和翠班"[2]。1911 年,两人入"荣庆社"[3],侯益才是"荣庆社"合股人之一。

那时领个戏班很不容易。"荣庆社"到北京第一天在天乐园演出,就是现在的大众剧场(已经拆迁),在鲜鱼口胡同里面。戏箱从哈德门由马车拉到鲜鱼口,当时北京黑社会很多,不让马车到达剧场,要捞油水,于是戏班和他们发生了口角,一个非要走,一个不让走。侯益才一气之下,说要是不让走就让马车从他身上压过去,于是躺到车轱辘下,对方一看不敢惹赶紧放行了,马车这才顺利地到达戏园子。

---

[1] 庆长班:著名北方昆弋乡间戏班,成立于清末,成班次数较多,1916 年散班。挑大梁角色是化起凤(1856—1911),其他著名演员还有邵老墨(工武丑兼架子花脸)、郭蓬莱(高腔黑脸兼丑)等,以及京东著名武生钱雄、醇王府班高腔青衣荣安等。

[2] 和翠班:著名北方昆弋乡间戏班,成立于清末。京东"益"字辈搭和翠班的有侯益才、侯益泰和唐益贵(架子花脸)。后朱玉铮、高森林任管事时,成班不和,角色漫散,由此停办。

[3] 荣庆昆弋社:著名北方昆弋班社,成立于 1911 年。1917 年底入京,1918 年 1 月首演于北京前门大街鲜鱼口胡同内天乐园。1936 年分箱重组,侯永奎任班主,以天津为基地,演京、津一带。1939 年 9 月荣庆社因天津遭逢大水灾而解散。

侯益才好报打不平、好帮助人，遇到事能挺身而出，有种不怕死的性格。虽唱旦角，但暴脾气感觉像唱武生的。

三、"小马"侯永奎

侯少奎的父亲侯永奎出生于1911年，即"荣庆社"成立的那年，小名"小马"。1917年"荣庆社"晋京，侯益才在北京站住脚后，送侯永奎到珠市口刷子市上小学。侯永奎从小跟在侯益才身边，耳濡目染，耳音极好，还学会了拉胡琴、吹笛子、打鼓等，喜欢武场面。

侯永奎在其《我的昆曲舞台生涯》[1]一文中是这样回忆他的少年时期：

> 我出生于河北省饶阳县一个村庄里，祖籍河北省玉田县，父亲和叔父都是昆弋演员，而且演唱都很有成就。艺人在旧社会被人看不起，所以我父亲早就决定不叫我干这一行。我十岁的时候，父亲和一些老前辈领着剧社在北京演戏。我们住在前门外。当时我在前门大街刷子市一个小学念书，没事就到戏院看戏，日久天长我被熏染得一天到晚哼哼昆曲，上学时在路上也唱，在家也唱。我父亲看到后不让我唱，更谈不上教戏。我就偷着唱，但有曲没词，时间一长，引起了剧社老前辈的注意。郝振基、陶显庭、王益友等先生们都和我父亲说："叫孩子就干这一行吧。他唱的虽然没词，但是音韵很好听。"后来他们教了我两段曲子，我就经常唱。这些老前辈也经常对我父亲说我是干这一行的材料。在这种情况下，我父亲活动了心眼儿，不坚持原来的想法了。我也就慢慢地大胆学唱了。因为自己一心想学戏，又加上老前辈的支持，我开始练毯子功。我的老师是韩子峰。因为练功和学戏，我没时间念书，索性不读书了。郝振基、陶显庭、王益友等老先生都教过我戏。我的开蒙戏是《芦花荡》，演出地点是在保定大舞台。我那时十四岁，演出的效果不错。老前辈看完戏，都认为我有发展前途。他们又陆续教我学《雅观楼》、《林冲夜奔》、《夜巡》、《打虎》、《探庄》、《蜈蚣岭》等戏。就这样开始了我的舞台生涯。我十五岁那年，由王益友老师亲传的《林冲夜奔》演红了深州、武强、饶阳、安平、博野、蠡县一

---

[1] 侯永奎：《我的昆曲舞台生涯》，《荣庆传铎》，王蕴明主编，华文出版社1997年，第200页。

带。每当到这些地方演出时,当地父老乡亲对我是远接近迎,把我接到家里做好吃的给我,把我当成他们的孩子,问寒问暖,离开他们的时候父老乡亲含着泪花对我说:小武生,下次可要再来呀!我的"小武生侯永奎"这个绰号,是当地父老乡亲给我起的。我记得我在保定演戏时,剧社是没有女演员的。就是观众看戏,男女座位也都分开,男的从男席,女的坐女席,不能坐在一起;就是一家人,男女也不能坐在一个包厢里看戏。出入戏院,男观众走前门,女观众走后门,更别提女的想唱戏了。我的亲姐姐侯永娴有一副天生的好嗓子,形象也非常好,因姐姐非常酷爱昆曲,这样和陶显庭老师、郝振基老师学了《草诏》《弹词》《饭店认子》《打子》等老生戏,学成以后,自己内部彩唱,演完以后得到了老一辈昆曲艺术家们的一致赞扬。结果我父亲坚决反对,不允许唱戏。这样慢慢就把所会的戏都荒废了,在家一直是家庭妇女,是旧社会扼杀了姐姐的艺术生命,现在想起来姐姐真是太可惜了。继承昆曲侯门只有落在我一个人身上了。

《林冲夜奔》,王益友饰林冲(1918)

侯永奎的老师很多,郝振基、陶显庭、王益友等老前辈都给他拍过曲子,练基本功的老师叫韩子峰,是韩盛桐的父亲。侯永奎就这样步入了昆曲班,当时他也就 9 岁左右,开始学戏了。有一次,练两张桌并排的"蹿毛儿",要蹿过两张桌子,一下没过去,磕了一下,韩老师一巴掌就打上去了。侯永奎向陶显庭学了《单刀会》《训子》《华容道》等老爷戏,还有《弹词》等老生戏;向郝振学了《安天会》等猴戏;向王益友学武生戏,第一出戏就是《林冲夜奔》。王益友的《林冲夜奔》一招一式、一字一板都是清朝某王府昆班中一个叫钱雄的老前辈亲授的,演得极出色,远近闻名。这出戏非常吃功,一个人载歌载舞。王益友的"林冲"是老扮相,罗帽、箭衣,穿厚底靴,挎剑。后来侯永奎经过舞台的实践把厚底改成了薄底,因为林冲当时不是在朝廷而是在逃跑,所以侯永奎认为这样更合理,这一改动一直延续到今天。如今"侯派"的林冲是黑丝绒箭衣、黑丝绒罗帽、缎子彩裤、丝绒薄底,宝剑是鱼鳞剑。侯永奎15岁,在保定第一次登台唱《夜奔》,一炮而红。后来演《芦花荡》,也极为成功。

侯永奎15岁成名,不到20岁就红遍京南一带。主要剧目有小武生戏《探庄》、《夜奔》、《蜈蚣岭》、《雅观楼》、《快活林》,扎靠的大武生戏有《麒麟阁》、《倒铜旗》、《闹昆阳》、《别母乱箭》、《对刀步战》,老爷戏有《刀会》、《华容道》,老生戏有《钗钏记》等。

四、荣庆社"分箱"

侯益才是1930年在饶阳农村故去的,去世时50多岁。

1935年,荣庆社"分箱"。旧社会,戏曲班社发生"分箱"的事情很多,无外乎几个原因:一是经济的问题,维持不下去了;二是班主发生变故,易主了;三是合伙人内部或主演发生分歧。用现在的话说,那时的戏班经营完全是市场行为,你有钱,拉几个会唱会演的演员,置办几套行头(戏箱),起个名就是一个班社。当时北方京、津一带,包括农村,大大小小班社好几十个,自生自灭。荣庆社自1911年成立后,发展比较快,后来主要在城市里演出,如北京、天津,聚集了一批有名气的昆弋演员,时间久了,难免要发生分歧。客观地说,戏班"分箱"在一定程度上有利于演员的发展。对侯永奎来说,要不是荣庆"分箱",可能不会有他后来的成就。

荣庆社"分箱"前,侯永奎和韩世昌、白云生、马祥麟等一起唱戏。闹"分箱"时,韩世昌提出不要马祥麟,让侯永奎跟他走,估计是因为马祥麟也是旦角的

荣庆昆弋社分箱前在北平哈尔飞戏院最后全班合演《上元观灯》、《火焰山》等戏单(1936年2月7日)

原因。侯永奎不同意，因为他和马祥麟合作得不错。于是韩、白在一起，侯永奎和马祥麟在一起。

"分箱"时龙套四件一分为二，谁也没法穿。侯永奎一气之下说"随便你怎么分就怎么分吧"，就这样把箱给分了。人也分了，谁愿意跟谁就站在谁的一边。韩世昌那边有张文生（张小楼的父亲）、李凤云（白云生的二夫人）、崔梁河等，以文戏为主。侯永奎这边有郝振基、陶显庭、侯益隆、马祥麟等，以武戏为主。

韩世昌在他的回忆录中写到了荣庆社"分箱"的情况：

一九三五年在天津演唱时闹出了意见。当时白云生已接受了侯瑞春先生的建议改演小生，和我配戏了。分家时，荣庆社的班牌分给我了，但还借给侯益隆、陶显庭、郝振基、侯永奎、马祥麟他们用；我则与白云生、魏庆林等加入了祥庆社演唱。祥庆社原是束鹿县城的一个班子，崔祥云、孟祥生都是那儿出身。早年曾由白玉田负责成班，后来侯炳文组班，也称祥庆社。侯玉山搭那个班子的时间较长，我搭入祥庆后，即到南方六省巡回演出。[1]

马祥麟也在自己的回忆录中写到了分家的过程：

荣庆社分裂的经过是这样的：1917年直隶闹大水，荣庆社从农村进入北京，当时仍沿袭着传统的制度：在生活上，睡大炕，吃大锅饭，每日收入大伙平分；在演出上，按戏码轻重与内容，排定开场戏、中轴戏和大轴戏；演员没有名次先后，大伙齐心协力，拧成一股绳。老先生们讲究传帮带，培养后进，青年们刻苦学习，钻研业务，表现出互尊互爱、互学互让的团结精神。后来因为收入渐多，有的主要演员搬出集体住宿地点，戏份要求多分，演戏争头牌，彼此之间的嫌隙越来越大。这种隐伏的暗潮，影响着已经衰落昆曲的再度复苏，并且导致了1935年荣庆社的分家。荣庆社的班牌，分到侯永奎和我手里。这时侯瑞春把侯炳文的祥庆社昆曲班从束鹿县找来，韩世昌、白云生、魏庆林、侯玉山等就参加这个祥庆社。从此以后，两方人马，分道扬镳，各奔前程，有的老演员，为此痛哭，感慨万分！经韩世昌、白云生、侯玉山、魏庆林等重新组成祥庆社，

[1] 韩世昌：《我的昆曲艺术生活》，《荣庆传铎》，王蕴明主编，华文出版社1997年，第63页。

由 1936 年夏到 1938 年秋,两年之间,虽经历山东、河南、湖北、湖南、江苏、浙江等六省十多个城市的巡回演出,可返回之后,仍是一筹莫展。白云生拜师程继先,改学皮黄小生。我和侯永奎、侯益隆、陶显庭、郝振基、白玉珍等人的荣庆社,留在北京、天津演出。但在 1939 年天津闹大水的年代,陶显庭、侯益隆、郝振基老先生们相继谢世,人员分散,景况也是日益艰难。当时侯永奎拜师尚和玉先生,也兼学皮黄。我向王云卿先生学了《虹霓关》、《樊江关》、《马上缘》、《贵妃醉酒》一类京琴戏。京戏开打,是向有名的女刀马旦花翠兰学的把子。学京戏的目的,是准备配合昆曲演出。我们曾同别人组办过昆曲、皮黄"两下锅",也曾同京戏、梆子、昆曲三方面组成合作的"三下锅",意在以丰富多彩的内容,号召观众,以挽回昆曲的颓势,并藉此得以糊口。[1]

"分箱"后,有人说"咱们以后套上牲口都不在一个槽子里吃草"。这句话是一气之下说的,很绝。其实,这种话在旧社会戏班很正常,竞争嘛,都是为了吃饭。没想到,二十九年后,韩世昌、白云生和侯永奎又走到了一起,先后在老北京人艺、北方昆曲代表团、北方昆曲剧院工作,这正应了"合久必分,分久必合"。

"分箱"以后,因为缺人缺行头,开不了戏,侯永奎和马祥麟两个年轻人没钱,现做行头又来不及。怎么办,怎么演出,跟着的演员该怎么生活,都成了问题。这时的救命恩人是齐如山、王西徵、吴晓铃等,齐如山那时在珠市口开了个大和恒粮店,他说"永奎,没吃的到大和恒拉面去",还说"你们没粮食拉粮食去,开不了戏你们到'三义永'租戏箱,租钱我来付"。

"分箱"后侯永奎他们第一次在哈尔飞剧场演出,爆满,当时韩世昌、白云生二位也都去看戏了。打炮戏是马祥麟的《昭君出塞》,第二出是侯益隆的《嫁妹》,第三出是陶显庭的《弹词》,第四出是郝振基的《偷桃盗丹》,大轴是侯永奎的《夜奔》。没多久,韩、白搭"祥庆社"离开北京南下了。

分家后,侯永奎接管经营"分箱"后的荣庆社,留在北京演出,不久去了天津,在天津定居。

荣庆社"分箱"事件是侯永奎艺术生涯独立的开始,也标志着侯永奎从事戏曲班社管理的开始。

---

[1] 马祥麟:《北昆沧海忆当年》,《荣庆传铎》,王蕴明主编,华文出版社 1997 年,第 236—237 页。

五、拜师尚和玉

在京（北京）、津（天津）、冀（河北）漂泊了多年之后，1936年，侯永奎在天津正式定居。

侯永奎这时开始接触京剧，用京剧的底包演《夜奔》、《探庄》、《蜈蚣岭》等戏。就这样，演出逐渐多了起来，先后把一些身强力壮的老演员如陶显庭、侯益隆、郝振基等都接了来，带着他们演出。

侯永奎还经常到北京去演出，当时北京的戏园子有华乐、吉祥、开明、哈尔飞

侯永奎在天津北洋大戏院公演戏单
（1939 年 3 月 31 日）

等。侯永奎在哈尔飞演《快活林》，杨小楼去看戏，戏演完后，刘宗洋（杨小楼甥）陪杨小楼到后台，见到侯永奎非常高兴。杨小楼说他演得好，嗓子个头扮相好。

一天侯永奎贴出《蜈蚣岭》，尚和玉[1]去看了。尚先生同杨小楼先生同出于俞菊笙老先生的门下，年纪略长。他继承了俞派艺术的精髓，武戏根基尤其好，是杨小楼的师哥，很爱才，人称"尚老将"、"玉和尚"。尚和玉在寻找自己的接班人，看见好样儿的就收。他一看侯永奎的个儿、扮相、嗓子，觉得真好，就约侯永奎到开明戏院去看自己的《长坂坡》，尚先生饰赵云，大轴。尚先生和杨先生不一样，杨小楼扮相漂亮，尚先生却对扮相不讲究，扮俊脸，勾脸也就是水粉脸，就是用白的扑扑抹抹。杨先生和尚先生的戏侯永奎都看过，刚开始侯永奎看尚先生的

---

[1] 尚和玉（1873—1959）：河北省宝坻县人，尚派武生创始人，北方武生重要流派之一。其武生、武净、长靠、短打、箭衣戏均佳，尤以勾脸戏和长靠武戏为最佳。常演剧目为"三楼一挑"，即《赵家楼》、《贾家楼》、《艳阳楼》和《挑滑车》。尚派的传人有韩长宝、朱小义、娄廷玉、侯永奎、傅德威、孙盛云等。

扮相,心想难道这就是大名鼎鼎的尚先生吗?感觉扮相怎么没杨小楼漂亮,个儿头和嗓子也有点不行。侯永奎从小爱武戏、爱勾脸,不喜欢扮俊的。这场戏前面尚先生有些文场,到了后面才开始大战,锣鼓点儿一起来,把侯永奎给惊醒了。往台上一看,尚先生的武戏太精彩了,看得人非常激动。尚先生武功扎实,腰腿的功夫尤其深厚,身段功架那是一流的。当时就把侯永奎看傻了,两眼瞪得跟包子似的。等散了场,侯永奎还满脑子都是尚先生的戏,这就算迷上了。后来陆续又看了尚先生的《铁门山》《挑滑车》《四平山》,觉得真好。

侯永奎在天津演《快活林》之类的戏,尚先生每场戏都来,来了就到后台看侯永奎,跟他聊。一次看完戏后他叫侯永奎去吃饭,侯永奎不好意思,但还是去了,尚先生高兴极了,没完没了地聊,当时尚先生有四五十岁的样子。尚先生问侯永奎说:"你喜不喜欢二黄呀?"侯永奎说:"自己什么戏都喜欢,不光是二黄,梆子等各个剧种都喜欢。"估计尚先生已经看

尚派名剧《四平山》,侯永奎饰李元霸

上侯永奎了,只是没露,心里有数。侯永奎到北京,尚先生又跟到北京看他的戏,每次尚先生都说好,问侯永奎想不想学皮黄,侯永奎说想。尚先生就说要教他,侯永奎非常感谢他,说一定跟他学。

尚先生的哥们儿多,像雷喜福、萧长华、王瑶卿、侯喜瑞等前辈都是和尚先生磕过头的。一天,他们出面找侯永奎说到萃华楼吃饭,侯永奎受宠若惊。到了萃华楼,几位前辈说他们这次吃饭的目的是当介绍人,要介绍侯永奎正式拜尚和玉为师,侯永奎说那可是求之不得的事,非常激动。于是几人商量选个良辰吉日,再另找个地方,就在北京拜师。拜师当天,梅兰芳、尚小云、程砚秋、荀慧生、雷喜福、萧长华、王瑶卿、侯喜瑞等人都

去了。拜师之后吃饭，席间，侯喜瑞先生把侯永奎拉到一边，和他说句贴心话："一定要听尚先生的话，一定要踏踏实实跟尚先生学戏，就是卖了行李卷也得跟着学。"这是侯先生的原话。侯永奎对侯先生说："您放心，我一定听您的话好好地和尚先生学，踏实地学，用功地学。"侯喜瑞说："好，是好孩子，你听我话我就放心了。"

从那一刻起，尚和玉就成了侯永奎的师父。侯永奎和侯少奎的京剧武生戏都是宗的尚派，侯永奎生前多次对侯少奎说过："孩子，记住，是尚先生给了我们侯家这碗饭吃。"

拜师之后，侯永奎晚上演昆曲，白天跟尚师爷学戏。最感人的是尚和玉从收侯永奎那天起就封箱不演戏了，专门教他一个人。当时尚也有不少徒弟，朱小义、娄庭玉、丁振春、韩常宝等都是他挺满意的叩头徒弟。朱小义是昆班的，当时昆班两个武生，一个朱小义，一个侯永奎，个儿、嗓儿、扮相两人不相上下，都是很好的演员，朱小义当时也很有名。厉慧良先生也说他不错。朱小义是在侯永奎之前拜的师，是尚和玉的第一个徒弟。后来朱小义吃喝赌抽什么都干，又有很多"追星族"，没有过好"美人关"，台上就不行了，最后身体也不行了，死时很惨，连棺材都买不起。朱义敖（朱小义哥哥）找到侯永奎，侯永奎说没关系，一切后事由他操办。于是侯永奎唱"义务戏"，组织京剧演员四堂《挑滑车》、四堂《铁公鸡》，武生大会，一人一出这样唱，挣了钱，这样才葬了朱小义。

尚和玉先生家里本身是农民，有了钱后，就在京东置地。他收侯永奎后封了箱，把自己身上的袁大头[1]都缝到一个大长袋子里，披到腰间，说不用侯永奎养着他，也不用侯永奎花钱，什么也甭管，就保证他每天一只熏鸡，他指定的那一个固定地方的熏鸡。有一天侯永奎太累了，想偷个懒，因为店铺太远了，就在附近买了一只，尚先生竟然能吃出来味道不对，很有意思。

尚先生租住在一个类似公寓的地方，上面住人，下面有空场。就在这个地方，尚先生教侯永奎，给他说戏。第一出教《铁笼山》，他给侯永奎扎了四个靠旗穿一胖袄，勒一个破盔头，脚下穿一厚底儿，天天就这样学，要求非常严格。那时侯永奎练功，尚先生就在一旁抽个大烟袋，眼皮都不睁，让侯永奎来回做。侯永奎做一遍，

---

[1] 袁大头：辛亥革命以后，袁世凯任大总统期间铸造的银币。银币一面为袁世凯头像，故俗称"袁大头"。

尚就说不对,回去重来。侯永奎想知道是哪不对,但尚不说,只让侯永奎自己找,最后才这么样那么样给指点一点,自己再找。比如就是一个"小小一计非等闲,司马被困铁笼间,张良小用三略法"的"略"字,侯永奎就抠了有一个月。所以后来侯永奎演这出戏时念到"再三逼迫"时,喷口能够把髯口一下打出来,劲头很大。如果当时不是那样用功地练,是不会有这般扎实效果的。就这样,尚先生天天教侯永奎,上午练完功,下午尚先生休息,睡睡觉遛遛弯,晚上到剧场看侯永奎演出。

尚派名剧《铁笼山》,侯永奎饰姜维

那时侯永奎学昆腔《夜奔》,尚先生和他说的一句话,他至死也忘不了。尚先生说:"永奎啊,你千万要记我这个话,我教你的这些戏你都可以改,唯独这出《夜奔》你可不能改啊。"

昆曲《夜奔》是从钱雄那儿来的,都是这个路子。但从杨小楼先生那里给改了,改成京剧的"大夜奔",有垫场,头场下去后,徐宁带兵上场先有起霸,这时演员可在后台休息。等到后来再上场唱第二段,然后再下去,再来第三段,这样演员有缓冲的余地,不会那么累。扮相上改成了带倒缨盔。尚师爷苦口婆心讲《夜奔》这件事,告诉侯永奎千万别改扮相。尚先生还说:现在京剧界、昆曲界都兴玩"花活"(就是玩技巧)。玩腿,有的是人比你棒,人家身段的那个花俏,有时你都走不了。但那都没意思,离开了人物光玩技巧不成。昆曲《夜奔》一场干,唱念做表舞,全了,这是昆曲《夜奔》的正路子,最要紧的是这个表演的路子非常符合人物,不应该去动。再说你的嗓儿、个儿、扮相、基功都好,能站得住,能有本事按原样儿的来,就千万不要改,要保持自己的风格。如果要学杨小楼师爷的那个"大夜奔",就把自己的特色长处全丢了,那可太没意思了。如果把这个《夜奔》的形式变掉了,这个戏就"百嘛不是"了。

侯永奎后来在教侯少奎的时候,也亲口跟侯少奎说:其他的戏都可以动,可以

《林冲夜奔》,侯永奎饰林冲(1935,天津中国大戏院)

变扮相、变路子,怎么都可以,但《夜奔》这出戏不要动,要保持它的风格。侯永奎说这是尚师爷和他说的话。侯永奎还说,将来到侯少奎传承教戏时,也要给后来的人强调这一点,说这个扮相不难看,比较合理。比如说戴罗帽穿箭衣,这身行头可以说是夜行衣或是一种短打扮,在偷着逃跑时不可能面儿太大,虽然从舞台美角度来讲确实素了一点,倒缨盔更漂亮一些,但是现在昆曲的这个扮相比较合理。

侯永奎后来曾这样写道:

我每次演尚派戏,尚老师总坐在上场门或下场门指点。尚先生对我演出的尚派戏基本上表示满意,但要求很严,不许把尚派戏演走样。他要我一定保留昆曲《林冲夜奔》的唱法,服装不可改,演出路子决不能改。他语重心长地说:"我教你的戏都可以改,但你千万不能改《夜奔》。《夜奔》是一出好戏,你演的有独特风格,演得好,有道理。"因为当时内部和外界都有一种说法,建议《夜奔》改成徐宁上场,开打火爆,还可以唱压轴;不然太单调,"一场干"太"瘟"。尚老师不同意改。所以我演《夜奔》不改路子,一直坚持到现在,将来我的长子侯少奎和继承这出戏的人演出时最好也不要改。这出戏如何精益求精,要在深入角色上下功夫。

侯永奎在回忆他这段学艺经历时写道：

　　我原来学的昆曲都是小武生戏，老前辈为了进一步丰富我的舞台艺术，先后又教了我一些大武生戏、红净戏、武生勾脸戏、文武老生戏，如《闹昆阳》、《麒麟阁》、《单刀会》、《华容道》、《斩秦琪》、《火判》、《通天犀》、《别母乱箭》、《钗钏记》、《钟馗嫁妹》等，使我在人物刻画、舞台表演上有很大提高。我们那时经常在保定、天津、北京等地演戏。在北京时，演出地点多在哈尔飞戏院（西单剧场）。当时我的嗓子和形象都很好，逐渐引起了戏剧界老前辈的注意。我逐渐接近了京剧界的老一辈艺术家们，侯喜瑞、萧长华、程继先、杨小楼、尚和玉等老前辈都看过我演的戏。尚和玉先生还欣赏我演的《对刀步战》和《别母乱箭》等戏，他特别教给我在《对刀步战》中增加了"派将"，在《别母乱箭》里，增加了一些表演动作。后来我在演这两出戏时，都得到观众好评。侯喜瑞等老先生还认为我有条件继承尚和玉先生的表演艺术，尚先生就这样收我作徒弟。这件事有些人反对，我们剧社内部也有很多人反对，原因是怕我学好戏"飞"了，我知道此事后，就向剧社老前辈表了态：我永远不离开昆曲班。这样，内部的意见才逐渐平静下来。尚先生为了我能继承他的戏，费了不少功夫。当时我二十三岁，他教我的第一个戏是《铁笼山》。因我文化水平低，学戏完全是靠口传心授，为了使《观星》这出戏中"张良小用三略法"这一句上韵，我就学了很久。尚先生对我要求很严，一丝不苟，有时发火，但很耐心。我学完《铁笼山》，就在哈尔飞剧场演出。演出时京剧界老前辈如梅

尚派名剧《挑滑车》，侯永奎饰赵宠

兰芳先生、程砚秋先生、程继先先生、侯喜瑞先生、马福禄先生、尚小云先生、郝寿臣先生、萧长华先生等都来看戏。尚和玉先生坐在台上的上场门。后来我连续学会了《挑滑车》、《四平山》、《艳阳楼》等戏。我很喜欢这三个戏，一是昆曲牌子，二是戏的表演身段和唱结合很紧，也就是载歌载舞的表演，我可以满工满调地唱，对表演有很好的衬托。

侯永奎就这样天天和尚先生学戏，《铁笼山》学完了，经过验收，第一场在北京哈尔飞剧场（西单剧场）演出。侯永奎上场，尚先生给打帘，台底下炸了窝，份太大了，台底下观众一看侯永奎出来，那个块儿，那个感觉，整个儿一个尚和玉。从头至尾好声不断，加上侯永奎也年轻，当时三十来岁，基功也好，那出戏演得相当成功，在北京一下就轰动了。尔后尚先生接二连三地教了侯永奎《挑滑车》、《四平山》、《艳阳楼》、《长坂坡》等戏。

天津是尚先生的地盘，效果更好，打炮戏《铁笼山》，然后是《挑滑车》、《艳阳楼》、《四平山》，只贴这几出，把天津观众一下给镇住了。天津观众说：侯永奎来了，现在谁不知道侯永奎呀，尚派亲传最得意的弟子。很多报纸也登。这样侯家在天津算是站住了。

侯永奎虽然在天津是站住了，但唱的主要是京剧。

侯永奎为什么要学习京剧？一是因为当时是京剧的天下，昆曲衰败，不学京剧、不演京剧就没饭吃。但更重要的是以京养昆，留得青山在，不怕没柴烧，这是明智之举，也为侯永奎后来昆曲表演艺术的发展奠定了坚实的基础。

在天津，侯永奎逐渐形成侯派艺术，因为他有良好的昆剧基础，如武生戏《探庄》、《夜奔》、《蜈蚣岭》等，老生戏《弹词》、《钗钏记》等，关公戏《单刀会》、《华

尚派名剧《艳阳楼》，侯永奎饰高登

14

容道》《训子》等。他的先天条件好，个儿高，嗓儿好，因为嗓子好又学了京剧。侯永奎会的戏，京的昆的有百十来出，他在天津积累了很多东西，并吸收京剧的长处逐渐才形成了侯派的演唱风格。他能把好多京剧的东西，比如走音方式、装饰音等糅在自己的唱法里，昆味又加上京剧好的东西，就更好听了，这是侯派的演唱风格。侯永奎的功架学的是尚和玉，唱学的是陶显庭，陶显庭的唱极好，过去他的《弹词》唱得台下往上哗哗地扔洋钱。京剧又向尚和玉、尚和玉的第一大徒弟娄庭玉以及其他老师多有请教。侯永奎京剧上的第一个合作者是童芷苓，当时童家的班社叫公益社(后改苓剧团)，侯永奎和他们一起搭班唱京戏，演出是在天津劝业场里的天华景戏园，也在中国大戏院演过。

《华容道》，侯永奎饰关羽

后来，侯永奎和童家发生了矛盾，是为了马祥麟。荣庆社"分箱"是为马祥麟老师，这一次还是因为他。当时童家不要马祥麟，说一个昆旦到我这里唱干什么，侯永奎则说如果要唱就必须要带马祥麟，马祥麟在京班改唱过小生，实在没辙也来过二旦，就是丫环之类的二路活儿。有一次演出，父亲马凤彩去世了，马祥麟回去料理丧事。因为他回家没有参加演出，童家不同意给包银。侯永奎生气了，说谁家没有婚丧嫁娶呀，尤其是办丧事，自己亲爹死了正需要用钱，咱们帮助还不够呢，怎么能不给呢。于是越说越气，就打了起来。当地的"局子"出面来调解，警察正在那儿候着。童芷苓和侯永奎却对着乐起来了，说咱们干嘛呢，为这点小事干嘛打得不可开交呢。两人都说自己的想法，说着说着又乐了，后来说咱们别调解了，都各自回家吧。虽然事情解决了，但因为动手了，伤了面，就不好再合作了，这样侯永奎就和童家分手了。

当时侯永奎的京剧班叫共和社，杨宝森、厉慧良都在共和社待过，这个班社解放后和宝华社全合到了天津市京剧团。侯永奎还一度是天津梨园工会会长，那时全天津梨园界都归天津梨园工会。

在天津，侯永奎接触的人很多，如赵丽蓉、新凤霞等，许多人回忆起他都竖大拇指。

1981年，侯永奎去世后，有一次开会赵丽蓉见到侯少奎说："侯哥没啦，这种人现在天津真不好找，对我们非常照顾，尤其是对我们年轻的特别关照。"新凤霞也说她在怀仁堂演《花为媒》，连花戴什么颜色侯永奎都指点她。侯永奎还和天津相声界的"小蘑菇"常宝坤、侯宝林等交情颇深。"小蘑菇"比侯永奎小，和他特别好，"小蘑菇"抗美援朝的时候死了，侯永奎哭了一宿，很难过。

杜近芳说侯永奎能提携后人，人品又好。她第一出戏就是和侯永奎唱的《霸王别姬》。当时杜近芳找过很多人，人家都不唱，后来找到侯永奎，他很痛快就答应了，杜近芳极为感动。

侯永奎在天津口碑很好，大家知道天津的戏很不好唱，能打进天津唱红就确实了不得了。当时有的剧团到天津演出，因为不上座，困在天津，侯永奎总是热心帮助。大家都说侯老板侯哥人品好，艺术好，没架子，而且肯提携后人，比如对杜近芳、李少春这些年轻人，侯永奎都甘当配角来提拔他们。侯永奎对他们说："你们到了天津我绝不会拿架子，一定会全力以赴地来帮助你们。"后来，赵丽蓉、新凤霞、侯宝林、马三立等天津人见了侯少奎，都说"你父亲这个人真好"。

人能落这个名声确实不容易呀！

六、"小驹"侯少奎

1939年1月10日，侯少奎出生在天津。那年正好天津闹大水，抗日战争已经爆发，天灾加上人祸，看昆曲的观众很少，加上荣庆社内部老的老、病的病，班子很难维持。班里有的人还不学好，吃喝嫖赌，抽大烟白面儿什么的。有个插曲，侯益泰唯一的儿子叫侯永立，也是唱戏的，绰号"活王婆子"。但他后来染上了抽大烟白面儿的恶习，侯益泰管他，他不听，戒不了，千方百计弄点钱就抽。侯益泰有个心爱的狗皮褥子，在农村演出为了防潮一直带着，有一天他儿子进来就把狗皮褥子夹跑当去弄白面儿抽。班社里不光他一人染上这种恶习，旧社会戏班里这种人不少，因此荣庆社开始衰败了。

侯少奎出生那天正好赶上侯永奎有戏,他回戏没唱。戏院门口立了牌子说侯永奎今天生子停演,改日演出,票还有效。第二天天津的报纸就说侯永奎得子,小侯永奎出世,说将来是什么"小林冲"、"小关公"云云。侯永奎的小名叫"小马",侯少奎顺理成章地就叫"小驹","侯少奎"是后来念书时他自己改的名字。

天津那次水大了去了,堤防溃决,淹地五千万亩,市区平均水深两米,市中心两个多月靠坐船出行。天灾人祸,民不聊生,饿殍满地。1939 年 8 月 20 日,天津海河各堤数处相继决口,狂流灌入城厢及租界一带,市区被水淹的地方达十之七八,以致酿成空前巨灾,人

侯少奎(1940)

畜生命亡于俄顷,市民财产荡于瞬息,房屋倒塌,浮尸漂流,瘟疫流行,物价飞涨,受灾人口达八十余万。劝业场够高的了吧,水深二米二,一楼大厅愣是摸不着了。这么深的水,逼得天津人想法子,一时各种运输奇招纷纷面世。大衣柜拆了门,八仙桌锯去四条腿,往水上一推,就是舟船,一根木杆为艄,就做了"船工"。贫穷人家,大衣柜、八仙桌一概没有,将窗户框拆下来,找块木板钉巴钉巴,窗户框经不住许多人,叫"坐船"的坐上头,自己站在水里推,一泡一整天,这叫"推工"。南门脸儿那边没水,但劝业场地区水特大,大街上都"走"运砖运土运东西的"跨子船"。

等到天津大水退去,荣庆戏班已经再也无法维持下去了。

天津,侯家在这里生活了整整 14 年。

天津,是侯永奎的艺术逐渐成熟的地方。

天津,也是侯少奎第一次登台演出的地方。

七、无量大人胡同 20 号

侯永奎是 1950 年初从天津到北京正式参加工作的,单位是北京人民艺术剧

院[1]的舞蹈队，就是后来人们称作的"老人艺"。当时，江青找到金紫光[2]和李伯钊（杨尚昆的夫人），让他们把老昆曲艺人韩世昌、侯永奎、白云生找到北京。于是这些老艺人就被调来培养接班人——不是昆曲，而是民族舞蹈的接班人。因为昆曲的身段很美，江青想借用来培养舞蹈演员。

侯永奎离开天津前的临别纪念演出是在中国大戏院，应大家的要求演了一出《四平山》。离开天津那天，人山人海，都是来送行的。

1949 年 3 月，侯永奎突然接到一个通知，说是让他带着《夜奔》的服装和一个打鼓的到北京报到，具体什么事儿没说。侯永奎就带着服装和宝剑，还有打鼓的一起去了。到北京时是彭真市长接的站，他握着侯永奎的手，说："辛苦，辛苦，是主席要看您的戏。"侯永奎这才知道此行的目的。

这是侯永奎第一次给毛主席演戏，地点在中南海怀仁堂。演完以后，毛主席上台接见演员，和侯永奎握手，说他演得很好，他非常喜欢看。

毛主席对《夜奔》格外喜欢，常常点名要看侯永奎的这出戏，朱德、贺龙和陈毅等也都非常喜欢。侯永奎后来常在怀仁堂演出。1957 年，前苏联的伏罗希洛夫访华前，中央政治局开会，定了四出戏招待他：第一出是张春华、徐玉川的《小放牛》，第二出是中国京剧院的《雁荡山》，第三出是侯永奎的《林冲夜奔》，第四出是梅兰芳的《洛神》。后面两出是毛主席亲定的。当时有人提出，伏罗希洛夫可能看不懂昆曲《夜奔》，毛主席反问了一句："京剧他就看得懂吗?"提意见的人语塞，于是剧目就这么定下来了。正式演出时，当侯永奎唱到"管叫你海沸山摇"一句时，毛主席带头，全体起立长时间地鼓掌，直到他后来示意，大家才又都坐下。演出结束以后，毛主席接见演员，他的两只大手紧紧握住侯永奎的手，激动地说："演得太好了!"

1950 年 1 月"老人艺"成立，朱德接见了全体人员，还照了像。侯永奎在老人

---

[1] 北京人民艺术剧院：成立于 1950 年 1 月 1 日，是一个包括话剧、歌剧、舞蹈、管弦乐队等在内的综合性艺术团体，史称"老人艺"。1952 年 6 月 12 日，北京人民艺术剧院的歌舞、舞蹈等部门被划出，其剧院的话剧队与 1950 年 4 月成立的中央戏剧学院话剧队合并成立北京人民艺术剧院，即现在的北京人民艺术剧院。

[2] 金紫光(1916—2000)：著名戏剧家，河南焦作人。1931 年参加革命。1939 年在延安导演、指挥了冼星海的《黄河大合唱》。1943 年在延安组织演出著名京剧《逼上梁山》，并在该剧中饰演林冲。新中国成立后，参与创办了北京人民艺术剧院、中央戏剧学院、中央实验歌剧院。1957 年至 1966 年任北方昆曲剧院副院长。

艺当教员,上课的主要内容是教毯子功、把子功及身段等,像《夜奔》《蜈蚣岭》这些戏,他都给学生们说身段。跟侯永奎学的学生有丛兆桓、孙天路、傅兆先等很多。孙天路和傅兆先后来都成了很著名的舞蹈家、舞蹈理论家和舞蹈教育家。

不久,侯永奎把全家从天津搬到北京,就住在人民艺术剧院内,地址在无量大人胡同 20 号。侯永奎到北京后,从天津带了好多人过来,有花脸施明华、武旦男演员董顺华,负责检场的王佩林,负责服装的王春泰,负责勒头的陶海泉等,还有侯少奎的表哥邢荣志。

1951 年,北京成立了全国第一个国营剧团——首都实验京剧团,侯永奎奉命调出老人艺,去任首都实验京剧团的团长。那时发过一个徽章,白底子上有红色的中国地图,上面写着"首都实验京剧团"。

《林冲夜奔》,侯永奎饰林冲

当时的副团长是崔炳玉,是延安的老干部,后来也当过北昆的副团长。团里的主要演员除了侯永奎,还有老生奚啸伯、管少华,旦角陈永玲,花脸苏维明,以及侯永奎从天津带来的人,生、旦、净、末、丑都有。

首都实验京剧团的成立时的地址在珠市口陕西巷的一个二层楼,陕西巷是北京著名的"八大胡同"之一,和虎坊桥的石头胡同挨着。首都实验京剧团的楼过去是个妓院,下面有个地方可以排戏和开会办公。侯永奎全家就住在二楼。当时主要的演出地点有珠市口开明剧场,还有民主、吉祥、中和、哈尔飞等剧场。有时也出去巡回演出,到河北等地。

既然是实验京剧团,侯永奎的演出就是以京剧为主。他和陈永玲合作的戏码很多,比如《翠屏山》《战宛城》等,有时也反串《虮蜡庙》,合作得很好。2002 年,侯少奎去台湾见到已经在台湾定居的陈永玲,他那时已经 70 多岁了,听说侯少奎到了台湾,就来看他,两人一见面,陈永玲就搂住侯少奎,非常激动,说见着他就等于见着侯先生了。陈永玲的儿子就是京剧《骆驼祥子》一剧中祥子的扮演者、著名京剧架子花脸陈霖苍。

在首都实验京剧团期间,侯永奎也给毛主席演过《夜奔》和《蜈蚣岭》。

韩世昌、白云生在侯永奎来北京之前就已经在北京了,也参加了"老人艺"的工作。马祥麟是侯永奎在天津演京剧时去了安徽芜湖教学,侯永奎到北京后,韩世昌、白云生和侯玉山等就呼吁把马祥麟也调北京来。马祥麟来时是先从芜湖到天津,因为他家在天津,然后从天津到北京,不久他把家也迁到了北京。

就这样,当年荣庆社的几个主要演员在 1935 年"分箱"后又都聚在了一起。

1952 年中央实验歌剧院成立(1963 年中央实验歌剧院取消,分别组建成中国歌剧舞剧院、中央歌剧舞剧院),组织决定让侯永奎到歌剧院工作,首都实验京剧团就由李万春接管了。后来首都实验京剧团改名为北京市京剧一团。

侯永奎到歌剧院后又培养了很多舞蹈界的学生,给很多人上过课。他还经常到北京舞蹈学校(北京舞蹈学院的前身)、中央戏剧学院、中国戏曲学校(中国戏曲学院前身)讲课。这些学生中有许多后来都出了名,如中戏毕业的李法曾、黄子龙、蔡安安、王景愚等;另外还有著名舞蹈教育家唐满城,是中国古典舞学科创始人之一,著名舞蹈家赵青以及演《红色娘子军》的刘庆棠也都是侯永奎的学生。

为什么侯永奎和舞蹈界有很密切的关系,这在车延芳写的《中国古典舞发生之序曲——选择京昆的原因》[1]一篇文章中有这样的解释:

> 1951 年 4 月,中央文化部明确提出了中央的大行政区、大城市的文工团、剧团要向剧院发展,以建设剧场艺术为主的方针。在这种方针指引下,培养专业化舞蹈队伍的任务就迫在眉睫了。当时的中国还没有正规的舞蹈教育机构,谈不上有正规的训练方法和教员,相比较来讲,戏曲是离舞蹈最近的艺术,也是最容易借鉴的艺术种类,戏曲本身在几百年的成长过程中,本身已经形成一套完整的训练体系,出自这些科班的名角们身上有很多我们后人需要借鉴、

---

[1] 刊于《舞蹈杂志》,2006 年第 4 期,第 26—28 页。

学习的精华，于是这些人也成为戏曲舞蹈学习的重要源泉。中国古典舞发端于北京，北京是京剧和北昆的重要传播地，现有的得天独厚的地理和人力资源的优势已经让舞蹈者们应接不暇，再加上京昆的名角都汇聚于此，可以亲力教授，为传播和学习提供了方便的途径……

……欧阳予倩是最早提出中国舞蹈演员要学习戏曲中舞蹈性强的折子戏和戏曲的基本功法，提出建立中国古典舞这门学科的第一人。欧阳予倩指引着戏曲界人士如韩世昌、白云生、侯永奎、马祥麟、程砚秋等戏曲表演艺术家为中国古典舞的建设作出贡献。这些戏曲表演艺术家对中国古典舞发生的帮助是不可磨灭的，他们与崔承喜的合作，与人民文工团舞剧队，北京人民艺术剧院舞蹈队，中国古典舞小组等古典发端基地的合作为中国古典舞的发生奠定了坚实的基础。没有他们的亲自教授和参与合作，古典舞的整理工作不可能在短短几十年内就颇有成效。而且，这些艺术家还参与整理了北京舞蹈学校的第一本教材。可以说，中国古典舞的发生是建立在一个高的起点上，这个高起点就是戏曲艺术。戏曲艺术，特别是京剧和昆曲给了中国古典舞灵魂，赋予中国古典舞以血肉！为中国古典舞以京、昆为依托提供了借鉴……

侯永奎在"老人艺"时，创作了一个舞蹈叫《生产大歌舞》，他是编导之一，另外还有马祥麟、白云生和歌剧院其他一些人。侯永奎亲自演一个推车的农民，一个现代的人物，头戴白手巾，推着小车，编了个小车舞，把戏曲身段和舞蹈糅在一起。他还和丛兆桓的夫人秦肖玉排了个地方戏《送京娘》，这就是后来北昆1962年新编戏《千里送京娘》的最早雏形。

不仅在舞蹈界，侯永奎在戏曲界也培养了好多学生，比如当时中国戏曲学校的钱浩梁、于大陆、李嘉林、逯兴才等。

1956年侯永奎突然接到上面指示，要让过去这些从事过昆曲的老艺人再带些青年演员组织一个北方昆曲代表团赴南方参加上海、苏州、无锡、杭州的南北昆汇演。这是全国解放后昆曲界的第一次全国汇演。当时韩世昌、白云生、马祥麟、侯玉山、孟祥生等都参加了。

这是侯永奎和这些人的第三次合作。第一次是解放前在荣庆社，第二次是解放后在"老人艺"，第三次就是成立北方昆曲代表团。当时参加北方昆曲代表团的青年演员有丛兆桓、秦肖玉、安维黎、侯长治，还把侯炳武和侯新英从武汉汉剧院调来。

汇演的剧目很多，韩世昌、白云生等都有精彩的演出。侯永奎的拿手戏如《夜奔》、《单刀会》、《闹昆阳》、《夜巡》、《对刀步战》等也都演了，轰动一时，上海的报纸宣传说是"活林冲"，说这样的武生很难看到，嗓子好、扮相好，又是北方的风格。后来到杭州又演，又红到杭州。

在杭州，侯永奎拜访了盖叫天，那天金紫光和韩世昌、白云生都跟着去了，报道第二天就出来了，标题是"武松会林冲"，说江南的"活武松"会见了北边的"活林冲"，因为盖老被誉为"活武松"。侯永奎给盖老买了个雕塑作为礼物，盖老对他说："我不送你什么礼物，我就指点指点你。"侯永奎说谢谢盖老。

盖老说侯永奎的《夜奔》他看了，确实是好，问他能不能加一个身段向后看的动作。因为侯永奎只注意前面了，没有注意后面，还是要再看看后面，看看是不是有人跟着，有没有追兵，要往后看，这样人物就更丰满了。所以这个戏从侯永奎开始就改成了林冲不但往前看，还要往后看，一望两望，这是盖老给指点的。

盖老说自己也是北方人，是河北高阳人，离韩世昌老家河西村很近。盖老还说，就功夫来说，说句不客气的，全国的演员他谁都不服，就服侯永奎的老师尚和玉先生。自己曾说过，"江北功夫是尚和玉，江南功夫就是盖叫天了"。盖老讲了个故事：有一次他和尚和玉合作，因为尚和玉比他岁数大，就说："小盖，咱们来《收关胜》，我来关胜，你来个'耳子'（梁山将）。"戏里尚和玉使大刀，盖叫天使单刀，戏里

侯永奎（右）与盖叫天在杭州切磋《林冲夜奔》的身段（1956）

关胜和梁山将有个三见面，常规的演法应该是尚先生搂盖叫天翻上桌子。但盖叫天赶了一下，提前从尚和玉的靠旗上翻了上去，就为着试试他的身手。尚和玉反应快，在盖叫天落下之前一闪身躲过去了，不然人就砸他身上了。尚和玉说"好小子，你赶了我"，结果在台上"搧头"的时候，尚和玉把大刀使得"嗖嗖"的，像风一

样,劈得盖叫天都抬不起头来,台下叫好不断。盖叫天当时就服了,说他"谁都不服,但是服尚和玉的功夫",所以盖老后来说过"江北尚和玉,江南盖叫天"。这是前辈们的趣事,很有意思。

拜访盖叫天后,侯永奎他们又在苏州、无锡继续演出。之后大队人马回到北京。回到北京后,北方昆曲代表团没有解散,在鲜鱼口崇贞观 18 号上班、练功。前后两个院子,有很多平房,这里就是北方昆曲剧院的前身。

第二章　从艺篇

　　侯少奎一生恪守着一个职业,从未改变;侯少奎一生供职于一个剧院,也从未改变。因为侯少奎身上流淌着北方昆曲的血脉,是命运也是召唤……

一、鲜鱼口崇贞观 18 号

　　1956 年,侯少奎在北京第五十中学上中学,地点在崇文区广渠门,都快毕业

侯少奎(右一)上小学时与同学合影

了。一天,北方昆曲代表团的领导金紫光和边军突然对侯永奎说:你家谁能学你的戏,做你的接班人?侯永奎也很干脆,说:没人能学,谁也学不了。侯永奎那时四十多岁,侯少奎已经十七八岁了。两位领导说:那太遗憾了,你们侯门没后了,没人接班了。侯永奎倒没觉得遗憾,说:"接什么班呢,我的那个大儿子他要是能学戏,在天津我早就让他学京剧

了,可我没让他学,现在在五十中上学呢。"金紫光和边军就说找侯少奎聊聊,看看他自己愿意不愿意。侯永奎说甭叫,他儿子考上中央美院了。因为侯永奎曾在歌剧院工作过,当时歌剧院和中央美院都属文化部领导,互相认识,就介绍侯少奎考中央美院。侯少奎考的时候画了山水花鸟和侯永奎演《铁笼山》的肖像画,还有一些水彩写生作品。那时侯少奎是五十中学美工组的,经常到天坛、北海、万寿山写生。考官看了看侯少奎的作品,就决定要他了,只是还没去报到。

晚上,侯永奎回家问少奎想不想学昆曲,侯少奎说自己考上美院了,学昆曲干嘛?侯永奎说:"北方昆曲代表团的领导想让你去一趟,你去看看吧。"去了之后,他们就问侯少奎会唱吗,少奎说不会唱,就会唱几句《夜奔》,还不是爸教的,是姑妈教的。那还是在解放军打天津时,外边天天晚上打炮,家里人就把被子挂在玻璃上,怕被震碎,捂得严严实实的,点着蜡烛,姑妈就教他唱《夜奔》,一个字一个字教,所以学会了几句。领导一听,就说让侯少奎唱两句听听,还故意给他定了个大嗓(真声)的最高调门——小宫调(相当于 D 调)。那时侯少奎已经过了变声期,扯着嗓子就唱,唱了一段[点绛唇]"数尽更筹……"领导一听就愣了,惊讶地说嗓子这么好啊,调门比小宫调还高。尤其是边军,很喜欢,说:"你有个好嗓子,怎么不学戏呢!"领导就给侯永奎做工作。侯永奎倒没什么意见,回家跟儿子说,让侯少奎自己决定,喜欢就去北方昆曲代表团报到,不喜欢就到美院去学习画画,他也支持。侯永奎说:"不过丑话先说在前头,你大了,胳膊腿都硬了,不像小时候,这个罪你是不是受得了,你自己要考虑。"

可能是艺术细胞作怪吧,侯少奎觉得自己身上有这个遗传基因,喜欢戏,从小爱看戏,爱到后台去玩,爱跟大人们一起活动活动,练练什么的。他也没怎么多想,就决定去北方昆曲代表团。侯永奎对侯少奎说:"儿子,你可别后悔,受罪可别赖我,是你自愿去的。"侯少奎想了想说"行",就去了北方昆曲代表团,不去美院了。

1956 年 10 月,已经 17 岁的侯少奎正式进入北方昆曲代表团工作,在鲜鱼口崇贞观 18 号北昆代表团驻地上班,为实习武生演员。

现在看起来,侯少奎能学昆曲,而且一学就是 50 多年,没动窝儿,应该说家传的因素比较大,从小受熏陶。如果历史拐个弯,他就去画画儿了,其实侯少奎现在还保持着画画儿写字的爱好。如果他去美院,不敢说能画出名堂来,但有一点是肯定的,侯家搞昆曲的也就到侯永奎为止了,少奎的嗓子和个头可能就浪费了,他的几个弟弟虽然有的个头也高,但嗓子好的只有侯少奎。虽然历史无法假设,但侯少奎从没后悔,因为侯家的昆曲在他的身上又延续了。可惜的是侯少奎没有儿子,只有两个女儿,后来大女儿也是受家里的影响,学了昆曲,是旦角,那是后话。

二、大器晚成

戏曲演员讲究"幼功",一招一式从小培养,对一个搞戏曲的武生演员来说,17岁开始学,年龄无论如何是太大了,重要的是腿脚都硬了。

那时北方昆曲代表团的固定剧场是大众剧场(已拆除),大众剧场也在鲜鱼口里,离崇贞观18号非常近。侯少奎开始算实习演员,和正式的演员一起踢腿练功。拍曲子的是叶仰曦和吴南清老师,笛子是高景池老师,给他们说戏的是陶小庭老师,练毯子功是景和顺老师,有时侯炳武老师也帮着景和顺老师给青年演员练功。练功确实太累太苦,生压生踢,腿天天疼,疼得侯少奎睡不着觉。因为胳膊腿都硬了,得有人按着,不然弄不住,两个老师按住一条腿,一个老师往上掰另一条腿,疼得侯少奎就像堂上受刑一样,只好开玩笑说"哎哟,我招了",老师说"招了也得掰"。为了把筋抻开,增强柔韧度,感觉像坐老虎凳,疼得直流汗,不过侯少奎没掉过一滴眼泪。他当时就一个想法:将来一定要成名成家!

侯少奎(1958)

侯少奎的第一出唱功戏是向陶小庭老师学的《冥勘》,是一个审鬼的戏。学的第一出拉身段的戏是《钟馗嫁妹》,一般拉身段应该先学《夜奔》《探庄》《蜈蚣岭》这三出戏,而他的第一出开蒙戏是向白玉珍老师学的《钟馗嫁妹》。过去还没有听说过。这是个"判儿戏",演的时候要扎起来,就是穿胖袄,戴假臀,垫胸。因为钟馗很丑,身上畸形,当然身段也不是很正。但演的时候要丑中见美,身上和脸上走得俏,就很漂亮。

当时戏班的事侯少奎一概不懂,让学什么学什么。开蒙学《钟馗嫁妹》,演员身上容易走形,不规范。作为学生应该先学一些练拉山膀、练云手、跑圆场的戏,等基础很牢固了,再慢慢地学像《嫁妹》、《火判》这样的戏，不然弄不好就是一辈子的事情。尤其是侯少奎学戏已经晚了，人家是七八岁就打基础，他已经 17 岁，身体都硬了，所以影响更大。

《钟馗嫁妹》学了后，就是路子会了，但不怎么好看。有时侯少奎一拉山膀，人家就直乐，因为他自己控制不住，做起来脑袋像拨浪鼓似的晃荡，人家就跟看笑话似的笑他。那时北方昆曲代表团要求侯少奎、侯新英、侯广有三人学习继承《钟馗嫁妹》。这个戏北昆侯玉山演得最好，是他的看家戏。虽然侯少奎学得晚，胳膊腿都硬了，但他肯用功。事隔几十年后，1992 年在纪念侯玉山老师从艺 80 周年之时，侯少奎在吉祥剧院演《嫁妹》，得到了很高的评价。

侯炳武老师是侯少奎的启蒙老师，也是他的恩师。侯少奎向他学的第一出戏是《倒铜旗》（也叫《倒旗》，《麒麟阁》中一折）。

1957 年 6 月 22 日，北方昆曲剧院正式成立。陈毅副总理主持的大会，文化部长沈雁冰去了，几个副部长都去了，还有梅兰芳先生等戏曲界的大艺术家。成立大会的当天晚上，在西单剧场举行建院公演，连演了三天。侯永奎演《别母乱箭》，韩世昌、白云生合演《狮吼记》，梅兰芳和韩世昌合作演出《游园》，非常精彩。

北方昆曲剧院成立，上上下下都高兴，那时北昆属文化部，大家觉得昆曲能成立国家剧院，是昆曲的福分，是大家的福分，昆曲艺术有望了。北方昆曲代表团整体并入北方昆曲剧院，侯永奎和韩世昌、白云生等又开始了历史上的第四次合作。

尽管这些老先生们在历史上有些恩恩怨怨，有些过节，但大家从振兴发展昆曲艺术的高度，摈弃前嫌，携手合作，实在是难能可贵。如果没有这些老艺术家们的努力，昆曲不可能有今天，不可能有"人类口头和非物质遗产代表作"的今天，这些老艺术家，不管是南方的，还是北方的，都是昆曲艺术的功臣与先驱。

三、"一出《夜奔》救活了我"

教侯少奎《林冲夜奔》的老师不是父亲侯永奎，而是丛兆桓、王卷、侯新英等人，他们也都是向侯永奎学的。侯少奎看父亲演出比较多，加上他的外形、嗓子、扮相等都很像父亲，所以别人常误以为侯少奎的《夜奔》得其父亲授，实际上不是。

侯少奎回忆这段经历时说：

　　有一天，我和父亲说，请他看看我的《夜奔》，说这是自己东学西学来的，让他给看一遍。在剧院的办公室里,我给父亲搬了把椅子,自己从头到尾走了一遍。父亲只是指指点点,就说"你就练吧",其他什么都没说,就这么着,父亲第一次看了我的《夜奔》。

　　父亲看了我的《夜奔》后,我还是自己接着练,有时别人逛街的、看电影的、搞对象什么的都走了,可我天天在宣内大街那个院子练,每天晚上练一遍到两遍《夜奔》,挺累的,所以有时就喝点啤酒,喝点啤酒的习惯就是那时染上的。那时喝一升啤酒,好像是四毛钱,买来后用盖盖好,练完功汗出透了,"咚咚咚"把啤酒喝了。周六、周日别人都回家了,我也不回家,还练。就这么着,天天如此,一直没搁下,当时也没有想唱成角,就是想用这个戏练身段,因为这个戏身段很多,以弥补自己开蒙戏没学身段的不足。[1]

1959 年,北昆和中国京剧院合并,合并以后是一个党委,当时剧院的领导是马少波、金紫光等,后来把郝成也调来了,到北方昆曲剧院当副院长。郝成到剧院后主要抓继承工作,他要了解情况,想摸一摸各个演员的底和演员的条件,让所有演员每人报一出戏,他天天晚上在大厅看。

　　好多人就鼓动我报一出,我说报什么呀,你们都是大演员,我是小演员,刚开始练,哪行啊。有和我不错的人就劝我,说这个机会别错过,借这个机会让新来的院长看看你。我说我不报,还是自己练,以后有机会再说吧。但人家还是劝我,我说那就报吧,试一试。其实我也挺害怕,万一演坏了怎么办。那时我还没正式演出过,尽来些龙套、上下手什么的,最大的活儿是来《游园惊梦》里"堆花"的大花神。这个大花神我陪谁都来过,因为北昆的大花神是有唱的,当时的"堆花"和现在不一样,用灯,一人两个灯,灯里装电池,点灯泡。我记得有一次在怀仁堂演出,我来大花神,那次是给西哈努克演《游园惊梦》,是李淑君[2]和丛兆桓演的,周总理陪着看,我正好感冒了,嗓子不出音儿了,周总理就问当时负责的人,问他嗓子怎么了,人说感冒了,唱不出来了。如果

[1] 全书所引侯少奎之言,除注明出处外,均引自作者对侯的采访,下不出注。
[2] 李淑君(1930—2011):工正旦,著名昆曲表演艺术家。北方昆剧院 20 世纪五六十年代最主要的旦角演员。先后主演过昆曲《红霞》《文成公主》《李慧娘》《百花记》《血溅美人图》《千里送京娘》等几十出昆曲大戏和六十余折昆曲经典传统折子戏。

是老艺术家韩世昌、白云生他们演这出戏，"大花神"就是魏庆林老师来演，因为当时我是学生。另外我还演过《金山寺》里白娘子那边的一个妖，当时的妖不像现在，都是这形儿那形儿的很好看，当时我们就是穿着黑袴衣、袴布，带着发髻儿。我的大刀好，到北昆以后我特别喜欢耍大刀，所以大刀我夜里也练。我的"搞头"贴着人家的后背走，不能高，又要严丝合缝，不能砍到人家。我的大刀从来没白打过，每次打把子都从我的大刀开始，戏的气氛就起来了。我老是和侯新英配，他演王八，使双锤，我扮妖，使大刀，我们俩这套把子，打一半观众的叫好就上来了。我还经常来小花脸，我这个小花脸的活儿好极了，有时演个《三岔口》的介子。父亲排《逼上梁山》时，我就来介子（禁卒），这是个大戏，就是毛主席在延安时说的那出戏，当时是金紫光演林冲。排《逼上梁山》时，李紫贵导演派我演其中一个禁卒。我想不管角色大小，既然来了就得来好，要出彩。两个禁卒百般折磨林冲的时候，父亲走蹉步，我也跟他一样走蹉步。后来有一个动作，走到台口的时候，林冲要把两个禁卒拎起来扔到边上去。父亲揪着我的衣裳一扔我，我配合着，人就起来了，走一个"抢背"，肘棒子落地，摔得干净利索，非常衬托林冲的功夫。演到这个时候，总是能博得满堂好声。

我还演过昆曲现代戏《红霞》里的匪兵，那出戏父亲演赤卫队队长赵志刚，李淑君演红霞，丛兆桓演白伍德。不过我的匪兵非常出彩儿，因为我有小花脸的基础，造型我自己设计，因为我会画画。有些造型、表演是我自己设计，导演不会给设计得这么仔细，我们这几个匪兵都挺有特色的，我、张兆基、侯新月、侯宝珠这几个都是演匪兵，就我和张兆基演得好。现代戏就安排我演匪兵，最大也不过匪连长，老戏就派我来介子、报录这些小花脸，或者小兵、大纛（打大旗的兵卒）之类的龙套，要实在缺人的时候，才会派我一个没名的靠将。尽是这活儿，我就属于那种"有你没你都成"的演员。

最后，侯少奎还是报了名，报的是《夜奔》，剧院还真采纳了，让他汇报演出，是扮上正式彩唱。郝成、金紫光等剧院领导，还有那些没事的演员都坐在台下看戏，侯少奎的母亲也来了。

我那天也铆着劲，就这一声"闷帘""啊嘿"，他们都给我鼓起掌来了。我那时年轻，扮相也好，踩着点一出来，满宫满调，我让他们给吹小宫调，不要低调门。等唱完这小宫调的《夜奔》，下来后，大家都激动得不得了。

《夜奔》一炮打响，剧院召开了一个会议，把侯永奎找去了，说："你作为党员，作为演出团团长，我们做个决定，由你培养侯少奎。侯少奎不光是你儿子，还是我们这个事业的接班人。"这么着，才安排侯少奎继承《单刀会》、《送京娘》，还有《武松打虎》、《夜巡》等戏也学了。

人家说一出《十五贯》救活了一个昆曲，我说一出《夜奔》救活了我，让我能有今天。

《林冲夜奔》，侯少奎饰林冲（1959）

于是，侯少奎开始和其他演员一起在课堂上学习，能跟父亲学戏了。这回是组织的决定让侯永奎教侯少奎，什么也拦不住侯少奎了。

《夜奔》让剧院觉得少奎还行，是个料，是有前途的。父亲也开始指点侯少奎怎么走得俏，范儿该怎么拿，劲头该怎么使。于是正式安排侯少奎第一场公演，在西单长安大戏院，演出效果很好。那时侯少奎年轻，也漂亮，嗓也好，一气呵成。演出完台底下真欢迎，谢了四次幕都不让下去。有个记者看完戏后还专门在《北京晚报》给他写了一篇文章，还登了他的一张《夜奔》剧照，这是侯少奎从艺以来媒体上写的第一篇文章和第一张剧照。

那一年是 1959 年,侯少奎的演艺生涯开始有了转机。

不过父亲侯永奎从来不夸他,说还要继续练啊,在人物方面还要琢磨琢磨,说不能光是靠年轻,靠脸蛋儿,靠嗓儿,靠身上,关键是演人物。还说他差远了,还得接着练,说为什么人家说侯永奎演得好,不是说这方面有优势,关键是人物演得好。林冲是八十万禁军教头,一路上被高俅所迫害,要通过载歌载舞的形式把林冲内心的东西刻画出来,表现出来。比如"血泪洒征袍",行腔和情绪上还都不够。然后侯永奎就教少奎怎么说,这个"血"字和"泪"字一定要强调出来,一个是演唱技巧,要听着美、好听,一个是要唱出林冲的悲愤来。侯永奎还和侯少奎说:"别忘了林冲是八十万禁军教头这个身份,要大气,不能演得跟一个草寇山贼一样。"

侯永奎说《夜奔》是侯派的代表,是大家认可的,包括毛主席,毛主席还专门点这出《夜奔》给当时来访的苏联人看。这是北昆的看家戏,是有北方昆曲特点的武戏,一定要好好继承下去。

首次公演《夜奔》成功之后,这个戏就经常让侯少奎演出了。

四、给裴艳玲说《夜奔》

说起《夜奔》,侯少奎还有一段教裴艳玲的故事。

1958 年,毛主席在北戴河开政治局会议,参加招待演出的是河北梆子剧团。当时裴艳玲演出《夜奔》,是按京剧"大夜奔"的路子演的。演出后主席上台接见,和他们挨个握手。到裴艳玲这儿,主席建议她到北京找侯永奎老师学习:"他的《夜奔》是非常好的,有特色,你应该按他的路子演。"于是她就遵照主席的指示,到北京找到侯永奎。

裴艳玲那时才十几岁,拿手戏是《宝莲灯》,她功夫很好,一口气翻许多个旋子,然后再接唱,都不带喘的。裴艳玲当时就像个假小子,说话也很冲。她比侯少奎小九岁,叫侯少奎师哥。

说起裴艳玲,侯永奎和她的父亲是故交,当年在京津等地她父亲曾在侯永奎的京剧班中做过底包(龙套演员)。这次主席有指示,侯永奎当然愿意教,但是他当时有很多演出和行政事务,没有时间。侯永奎觉得侯少奎的《夜奔》学得不错,就让侯少奎来教,教完之后他验收。

侯永奎晚年与裴艳玲的合影

那时北昆还在西单剧场，侯少奎的《夜奔》虽然练了很久，也得到了父亲的指点，却还没有正式演出过，登台是北昆搬到宣内大街以后的事了。

那时候裴艳玲每天早上到剧院来找侯少奎学戏，先学唱，逐字逐句地教，咬字行腔都说，为了把她唱念里头的梆子味儿去掉，侯少奎可下了不少功夫。之后就是拉身上，裴艳玲很小就学戏了，而且学得很苦，幼功很瓷实，她学身段比较快。就这样连学唱带，把《夜奔》的路子全部拿下，花了十几天时间。

学会以后，侯永奎抽了个时间，看她把这个戏拉了一遍。看完后，侯永奎说侯少奎教得不错，看裴艳玲身上也挺顺溜，唱也还可以，总之路子是对的，让她回去把谱子给他们团的乐队，然后合一下，按这个节奏去演就可以了。侯少奎按他父亲的话嘱咐了裴艳玲一遍，说这个戏的路子和扮相千万不要改，要保持昆曲的传统。她当时说："师哥你放心，我一定不改扮相，就按咱们这个'一场干'，按传统的路子演。"裴艳玲回到石家庄以后，这出戏她就是按照在北京学的样子演的，扮相和路子都没改。

这是侯少奎第一次教裴艳玲《夜奔》。后来就是"文革"了，基本就没有联系。

"四人帮"粉碎之后，正筹划恢复北昆，裴艳玲突然又找到侯少奎，说她把《夜奔》全忘了，让他再教一遍。那时侯少奎自己经常演出《夜奔》，也给主席录过像，艺术上已经比较成熟了。他把自己的心得体会、舞台经验等都传授给了裴艳玲，帮助她体会这个人物。这时侯永奎已经去世了。裴艳玲重新学了《夜奔》以后，凭这出戏拿了梅花奖，之后在全国各地演出的时候也常演这折，受到好评。因为昆曲《夜奔》对演员的要求很高，昆剧团里继承这出戏的演员不多，能演的人就更少了，侯少奎作为裴艳玲的师兄，打心里支持她，又因为是自己教了她这个戏，听说她演得好,总是觉得很高兴。

后来有一次裴艳玲来北京演出,请侯少奎去看。侯少奎一看,心就凉了。

侯少奎后来很遗憾地说:

> 虽然她《夜奔》的路子没怎么改,但扮相上又回去了,她戴上倒缨盔了。我没去问她为什么,她也没跟我解释。当然,各人有各人的想法,我不能强求人家跟我想法一致。但是昆曲《夜奔》的传统,经过这么多年,这么多老师的坚守,好不容易才保持下来,现在还是被改了,我很难过,尤其是戴倒缨盔,扮相变了,不是昆曲的《夜奔》了,这让我感情上无法接受,因为这不是我父亲生前愿意看到的。

现在,已经60多岁的裴艳玲还经常演出《夜奔》,但一般是素颜素装了。2011年12月2日,64岁的裴艳玲在梅兰芳大剧院北昆举办的"百年风华——昆曲大师侯永奎先生诞辰100周年纪念演出活动"上,风采不减当年,举止装扮似仙风道骨,连唱了四支曲子,赢得满堂彩。

演出结束谢幕时,裴艳玲紧紧抱住侯少奎,那一刻,被记录在许多人的镜头中。半个多世纪后,两位得侯永奎《夜奔》真传的传承人,两位至今仍活跃在舞台上的侯派《夜奔》传人,摒弃前嫌,双双向全体观众谢幕的情景永远定格在了历史上,完美地诠释了经典剧目永恒的生命力。

在第二天的座谈会上,裴艳

演出结束后,侯少奎与裴艳玲拥抱合影
(2011年12月,摄影吴赣生)

玲动情地说道:"一出《夜奔》让我成名成家,我要感谢恩师侯永奎先生。这次纪念恩师,我是铆上了,一般我就唱一支曲子,这次一口气唱了四支。"

五、练　功

侯少奎的把子功是向王维良学的。王维良现在在中国京剧院工作,原是东北戏校的,和北昆的孔昭是一个班。当时王维良经常到北京来玩,侯少奎就请师哥教两套把子,王维良就给说手里头的活,说快枪、小武套、三十二刀、大刀把子等。刘秀荣和她妹妹刘秀华也给侯少奎说过把子功。刘秀华当时在北昆,是武旦演员,手里的活好,和刘秀荣条件一样,就是个矮,台上非常好。她经常给侯少奎说把子,有时带着他打把子,也说大刀什么的。侯少奎的把子功就是这么学来的。

北昆当时在西单剧场,办公、排戏、演出、住宿都在剧场,很简陋。侯少奎不回家,就住在后院,有时还负责打扫卫生,得了个外号——北方昆曲剧院"后院院长"。西单剧场是个放电影的地方,晚上以放电影为主,侯少奎当时是学员班的小组长,这组有白振海、白晓华、李秀玉、马锦春和马锦玲(马祥麟的两个女儿)。人家放电影,侯少奎就把后台门关上,铺上垫子,带着他们练抢背。这样也就互相不影响了。

侯少奎曾说自己的恩师是侯炳武。那时侯炳武老师基本上天天凌晨4点叫侯少奎起床。冬天,外面刮着西北风,特别冷,又没火,被窝里暖暖和和的,侯老师抽烟袋,拿一烟袋锅,冻得凉凉的,往侯少奎被子里一杵,一激灵,就把他捅醒了。侯少奎迷迷糊糊地问侯老师几点了,侯老师说:"甭管几点,闭嘴,起床,走!"侯少奎就赶紧穿上衣裳,一揉眼睛跟着老师就走。4点天还没亮,到排练厅把灯开开,侯老师说"压腿、踢",侯少奎就丁零当啷踢几百下腿,然后老师又说"跑圆场",他就跑几十圈,完后又让拿顶。这时天就快亮了,大伙该起床了。侯老师才让他去洗漱,吃早点,然后再和大家一起练早功。上午该排戏排戏,不排戏侯少奎自己就在那儿练功,下午也是如此。天天练,因为侯少奎知道自己起步晚,身上硬,比不了人家,所以极为刻苦。那时后院有个大红柱子,侯少奎天天在柱子上用绳子拴上腿吊腿,一条腿一吊就是半个多小时。吊完后松下绳子,"咣"的一下就摔到地上,呆半天,自己再爬起来,再把另一条腿拴起来练,天天如此。有时睡午觉,就把腿掰过来后压到墙上,这么边睡午觉边练。侯少奎的基本功就这样练出来的。

北昆搬到宣内大街以后,侯少奎除了白天在剧院扎上靠,练基本功,练圆场,晚上还狠狠地练"私功"。每晚过了 12 点,他就跑到门口,求看门的杨大爷给他把门开开。杨大爷眯缝着一双睡眼,看到他脚上穿的厚底,就明白了,给他留着门,等他跑完圆场回来。

那时候街上已经没有无轨电车了,自行车也少,也没什么人,特别安静。大半夜的,侯少奎穿着厚底,在大街上跟疯子似的跑圆场,大马路就成了他的练功场。一口气,从出门开始跑圆场,从宣内一直到西单,然后从西单又回来,每天就是这么练,多少年都没有间断过。

此时,侯家也从校尉营搬到了西中胡同,离宣武门教堂很近,单位虽然离家很近,但侯少奎还是住在剧院不回家,一心扎在工作上。宣内大街的门口不大,但里面深,院子很大,侯少奎就住在后院。有个很大的剧场,兼作排练厅,可以彩排也可以练功。

六、学演侯派武生戏

《夜奔》之后,北昆又让侯少奎继承《千里送京娘》,这个戏安排了三组演员,侯少奎和洪雪飞[1]是 A 组,江茂贤和董瑶琴是 B 组,C 组是张敦义和王燕菊(侯少奎的爱人)。

《千里送京娘》首演是在 1962 年,侯永奎演赵匡胤,李淑君演京娘。这出戏后来是侯少奎经常上演的一个剧目,也是北昆成立以来新编戏中最成功的一个。

《千里送京娘》之后是《单刀会》,剧院让侯少奎向江茂贤学习继承。之后又学《夜巡》、《打虎》,也都上演了。侯少奎跟父亲一招一式踏踏实实学了这五出戏,都是侯派正宗戏。几出戏学完,已经到了 1965 年了。

当时这几个戏侯少奎经常演出,不管是在北京还是在外地,非常轰动,都说侯少奎和父亲侯永奎一样,个儿、嗓子都像,基本功也利索。这么着,侯少奎在北昆算

---

[1] 洪雪飞(1942—1994),工旦角,著名昆曲、京剧表演艺术家,浙江人,1958 年在北方昆曲剧院学习工作,1966 年调北京京剧团工作,1979 年调回北方昆曲剧院。先后主演过昆曲《长生殿》、《三夫人》、《千里送京娘》、《活捉》、《游园惊梦》、《痴梦》、《白蛇传》、《共和之剑》、《春江琴魂》、《南唐遗事》、《桃花扇》等。1966 年,因主演现代京剧《沙家浜》中的"阿庆嫂"而闻名于世。1994 年 9 月 14 日,因车祸在新疆不幸去世。

侯永奎与侯少奎同台演出《单刀会》(1959)

是站住了。

当然,侯永奎的这五出戏是侯少奎有些年纪和阅历之后才演得越来越好的。当时只是学下来,能演出,像关公、林冲、武松、赵匡胤这样的人物,要真正演好,不光需要不断地舞台实践,还需要年纪和阅历,甚至和身体的胖瘦都有关系。

比如当时学《刀会》,父亲侯永奎说他要学可以,但是要等岁数大一点关公才能演出韵味来,小伙子演关老爷是不像的。侯少奎那时很瘦,形象并不合适。因为关老爷不能到台上跟棍儿似的,必须有块头,有威——这个威不仅仅是功架,也是阅历,更是舞台经验,甚至和年龄也有很大关系,嗓子要苍老一些才可以演这个戏。侯永奎当时把这个戏传给了侯少奎,唱腔、身段和表演等各方面都教了。但是他说这只是一个路子,关老爷的感觉是教不出来的,要自己揣摩体会。

侯少奎在长安首演《刀会》时21岁,他的关公,张兆基的鲁肃,程增奎的周仓。演完后,虽然人家很鼓励,说演得很不错,但他自己知道演出来不像样,一看照片就知道了,那时太瘦,神情感觉离关公也太远了。

当时侯永奎就说侯少奎脸上没戏,等脸上有戏了就说明会唱戏了,每个人物脸上的戏都不同,其中区别可大了。等演员脸上有戏了,岁数也就不小了。当时不觉得,现在侯少奎明白了,确实是这样的。

要让观众觉得自己塑造的关公是真的,自己首先得有这个感觉,才能把这种感觉传达给观众。侯少奎能够比较成熟地驾驭这个角色是在北昆恢复以后。那时他四十来岁,脸一勾上,感觉立刻就有了,好像自己就是关公似的。有的观众说,侯少奎的关老爷一出来,那个威啊,他们都不敢直视。演关公就要表现出那种威仪,这是要多年的舞台磨炼,塑造了许多不同的角色,有了丰富的阅历之后,才能演出来的感觉。

《刀会》这个戏侯少奎教得不多,不像《夜奔》。为什么?就是因为这个戏不是光基功好就能演的,对演员的身材、嗓子、功架,还有心里的感觉都有很高的要求。有的学生问他,关公出来的时候,那几步走得怎么那么有威呢,他们想学,要侯少奎教教"感觉"。侯少奎说,这几步的路数是一教就会的,但是要走出老爷的派头,得靠多年舞台实践的积累,要根据自己的人生经验去体会,光说是说不明白的。后来李万春老师看了侯少奎的关公戏也说过:"一看就知道是老爷子一招一式教你的。"

七、传奇的《千里送京娘》

一般来说,传统武生戏要不就和虎斗,要不就跟人打,基本没有和旦角的情感戏。可是要塑造人物,就一定要从人物出发,不能被行当限制住。《千里送京娘》就是一个情感戏,讲京娘千方百计表达对赵匡胤的爱慕之意,但赵匡胤却无动于衷。因为赵匡胤的抱负是打天下,所以只是出于好心,把一个受了强盗迫害的弱女子千里送回家,到家后就和她分别。情感被淡化到最小了,当然是受当时政治的影响。《千里送京娘》是 20 世纪 60 年代的作品,正面人物是不能有情感的,不能儿女情长。当时,凡是新编戏、现代戏,都不能反映爱情,反映了就要给你"枪毙",这还算好的,要命的是和政治挂钩,北昆当时是有惨痛教训的,比如 20 世纪 60 年代的《李慧娘》,竟然成了"文革"的导火索。

"文革"以后,侯少奎重新演出《千里送京娘》,在赵匡胤和京娘的关系上有所改动。侯少奎说:"我觉得赵匡胤也是人,也有七情六欲,京娘是个女子,沿路上这么长时间不会没感情的,通过交谈、对唱、对话,男女接触长了是会有感情的,这种感情是健康的,不是那种坏的。所以我在演《千里送京娘》时,不管是跟李淑君、洪雪飞或是跟其他人比如胡锦芳、董萍、史红梅以及和我的女儿小爽一起演,我就糅进了赵匡胤对京娘感情方面的一些因素,不是无动于衷,叫有动于衷。"当时观众看了后都说,侯少奎这个《千里送京娘》更感人。这个戏跟着时代在变化,在继承的基础上革新。

《千里送京娘》这出戏非常成功,一直传到现在。北昆恢复以后,许多兄弟院团都跟北昆学演过这出戏。侯少奎先后跟北昆还有其他兄弟院团的 11 位旦角演员合作过这出戏,北昆的有李淑君、洪雪飞、董瑶琴、董萍、史红梅、侯爽晖和周好璐,江苏省昆剧院的有胡锦芳,湖南昆剧院有文菊林、付艺萍,还有香港的邓宛霞。除此之外,还曾和上海昆剧团的张静娴结合讲课,走过身段。另外,浙江昆剧团的王奉梅和苏州昆剧院的王芳都曾表示过想和侯少奎合作这出戏,但是一直都没有机会。

侯少奎跟多位"京娘"同台合作,各有不同的演出心得体会。

李淑君是侯少奎的大师姐,20 世纪 60 年代首次公演《千里送京娘》的时候,就是她和侯永奎合作的。李淑君的京娘文静大方、含蓄内敛,她的音色很甜,唱腔很讲究。李淑君的唱应该说是北昆历史上最好的,她自己也说过:"都说我唱得不错,咬字清楚,唱腔流利。我在唱上受侯永奎老师的影响很大。老师咬字讲究,吐字清楚,唱腔非常

好听,我从他那里学了不少东西。我有今天的成绩,很大程度上,应该归功于侯老师。"李淑君的表演很含蓄,她演的京娘对赵匡胤的好感都是内在的东西。虽然当时李淑君的年纪已经不小了,但是她塑造的京娘却是一个十足的小姑娘。中央电视台曾经录过他们俩的《千里送京娘》,播放后得到了好评,很多戏迷朋友特别喜欢这个版本。

《千里送京娘》排练照(1978),左为李淑君,右为侯少奎

侯少奎和洪雪飞合作演出《千里送京娘》最多,她的京娘和李淑君的不一样,眼神、表情,还有演唱方面,都比较热烈奔放。她的嗓子也很好,唱得也不错,因为她比李淑君年轻,台上的动作如圆场等就比较

利索。

董瑶琴的行当是六旦（花旦），演的京娘比较活泼。她嗓子好，唱得好听，身段很美，但她的基调是花旦，和赵京娘人物定位不同。

胡锦芳是江苏省昆剧院的名旦。侯少奎和李淑君曾经教过她和黄小午这个戏，俩人都很聪明，底子好，又会琢磨人物，学得很快，她学成回去以后也演过几次，反响不错。后来他们又把这个戏传授给了南京二十来岁的那一拨，据说也可以上台演了。2002 年北昆 45 周年院庆的时候，胡锦芳特意从南京过来和侯少奎合作了一次。胡锦芳的京娘感觉介于李淑君的含蓄和

《千里送京娘》，侯少奎饰赵匡胤，洪雪飞饰京娘

洪雪飞的外露之间，感情的表达恰到好处，小姑娘情窦初开的感觉很对。胡锦芳扮相很漂亮，身段很好，个头儿也很合适。

文菊林在湖南艺校教昆曲班，她的丈夫叫唐湘音，是侯永奎的弟子，她叫侯少奎师哥。侯永奎只有两个正式拜过师的学生，一个是文菊林的丈夫唐湘音，另一个是河北梆子剧团的杨玉华。20 世纪 60 年代，文菊林和唐湘音到北京来学戏，侯少奎和李淑君辅导过他们，后来 80 年代侯少奎去湖南演出，湖南省昆剧团就请侯少奎跟文菊林合作《千里送京娘》。文菊林基本宗李淑君的演法，比较含蓄，内在的东西比较多。她的个头儿、嗓子、扮相都不错，但唱念有些湘昆的味道，这也是难免的。

侯少奎跟北昆史红梅的合作，是为了给侯永奎和李淑君的录音做配像，史红梅是按照李淑君的白和唱录的。

董萍是李淑君和蔡瑶铣[1]的学生，和侯少奎合作得相当不错，也是与他合作演出最多的一个"京娘"。董萍个头儿高，嗓子和扮相都好，但是身上稍微差一些，

---

[1] 蔡瑶铣（1943—2005）：昆曲名家，工旦角。上海市戏曲学校"昆大班"毕业。先后在上海青年京昆剧团、上海京剧院、上海昆剧团任演员。1979 年调北方昆曲剧院，代表剧目：现代京剧《海港》，昆曲《牡丹亭》、《西厢记》、《窦娥冤》、《琵琶记》、《女弹》等。2005 年 11 月 30 日因病去世。

李淑君经常给她加工唱,她自己也很用功,所以在唱上很有李淑君的韵味,对人物的把握也是走李淑君的路子。很可惜的是,董萍2008年不幸去世,太年轻了。

侯少奎和香港的邓宛霞也合作过,她的京娘是跟李淑君的录像学的。她演戏比较多,台上很放松,扮相、嗓子、身段都不错,和侯少奎在台上配合颇为默契,演来感觉非常舒服,也很动情。

付艺萍是湖南省昆剧院的旦角演员,向文菊林学习了这个戏。后来要参评梅花奖,她决定演《千里送京娘》,省里、院里和她本人出面请侯少奎助演,侯少奎就答应了。侯少奎说:"我是个老师,有责任做好昆曲艺术的传帮带,不光是北昆,其他兄弟院团有什么要求,我作为老师来讲不能不答应。"

还有一个京娘就是"侯家"的"京娘"了,她就是侯少奎的大女儿侯爽晖。

1996年,日本邀请北昆的《夕鹤》去演出,但是那时洪雪飞已经车祸去世了,日本方面就只好选上昆梁谷音和计镇华的《夕鹤》,请北昆另外出个剧目。院里经过研究,决定演《千里送京娘》,"京娘"由侯爽晖来演。侯爽晖当时已经学会了这个戏,而且看过侯少奎和很多人的合作,她说喜欢李淑君老师的唱,但是表演上她想按洪雪飞老师的路子演。当时侯少奎有顾虑:这个戏是个情感戏,是个"英雄救美女"的戏,他和师姐师妹演没什么顾虑,但爽晖是他的闺女,这表演该怎么办?是爽晖让他抛开了负担,因为这是艺术,是在台上塑造角色,演人物,于是侯少奎同意了。后来他们俩在院里先演了一遍,效果挺好,父女俩就带这个戏去日本了。

到日本第一场演出非常轰动,日本歌舞伎剧团的艺术家都来看了。其实他们想看这个戏,除了知道昆曲很美,知道这个戏是侯少奎的拿手戏以外,还有就是觉得好奇,父女俩演这个情感戏怎么演。结果父女俩在那儿演了一个月,场场爆满。

侯少奎和大女儿侯爽晖在日本演出《千里送京娘》

侯少奎后来回忆这段经

历说：

我觉得我们父女俩在台上打破了父女之间这种隔阂，进入了角色，配合非常默契。我没有觉得爽晖是我闺女而有什么负担，在台上她就是京娘，我能很好地演出对京娘的怜爱和割舍。老话说得好，演员就得"装龙像龙，装虎像虎"，不能因为她是我女儿而束缚了我的艺术创作。

爽晖这孩子相当聪明，基本功好，身段优美，大圆场跑得真好。她继承了我们家的嗓子，又懂得运用，所以唱得很好听，表演很开窍，人物把握到位。她演这个人物吸收了各名家之长，把李淑君、洪雪飞、张洵澎、梁谷音、沈世华这些老师的东西都糅成一块了。在台上我就是赵匡胤，她就是赵京娘，她对赵匡胤产生了爱慕之情——是角色的那种爱情。我觉得爽晖演得挺好的，我在台上感觉很舒服，观众也特别爱看。

在日本的30场演完以后，统计观众投票结果，爽晖名列"最喜欢的演员"榜首，排在我的前面，我替女儿感到特别高兴。日本观众反映他们喜欢《千里送京娘》胜过《夕鹤》，我分析这个不是因为梁谷音和计镇华演得不好，而是因为《夕鹤》是日本题材，对于他们来说是司空见惯的，而《千里送京娘》是中国题材，传统的东西更多，有中国的情调，所以他们更喜欢看。

在日本最后一场演出的时候，还有这么一个小花絮。

赵匡胤和京娘分别的时候有段对白，赵匡胤说："贤妹，你我就此分别了吧。"此时，侯少奎灵机一动，用了日本话"撒哟那拉（再见）"来代替"分别了吧"。这完全是临场发挥，原先并没准备，在台上忽然来了灵感。侯少奎想这是最后一

侯少奎和女儿侯爽晖在日本

场演出了,就给改成了:"啊,贤妹,你我就此撒哟那拉!"爽晖当时愣了,但台底下明白了,立刻就鼓起掌来。

侯少奎最近的一次《千里送京娘》的演出是 2011 年 10 月 11 日,在杭州,京娘的扮演者是周传瑛的孙女、北昆优秀青年旦角演员周好璐。在《向昆曲大师周传瑛先生致敬》一文中,侯少奎详细叙述了他这次难忘的经历:

2011 年 10 月我应浙昆和世琮[1]、朱雅夫妇之邀到杭州参加昆曲大师周传瑛先生诞辰百年纪念演出,南北昆界名家与后生们齐聚杭州纪念大师,可谓盛况空前。

杭州我来过许多次了,但这次来杭参加演出当有着格外的纪念意义。这次是我与大师的孙女周好璐第一次合作演出北昆名剧《千里送京娘》。好璐乖巧伶俐,声音委婉甜润,有着天然江南女孩聪慧之灵气,作为大师的后代,作为昆曲世家传承人,好璐天赋与悟性都极高,家传深厚,根正苗红,是一位前途不可限量的青年演员。

说来很有些意思,上个世纪 80 年代初我和北昆一代名角洪雪飞首次合演《千里送京娘》,雪飞是浙江人,生活在杭州,她也是从杭州去的北昆,从这个意义上,杭州是北昆的福地。30 年过去了,如今我已经 74 岁,作为北方昆曲世家的传人,能和大师的后人、南方昆曲世家的传人同台再次合作《千里送京娘》,我感慨万千。

一出《千里送京娘》横跨半个世纪,把北昆和南昆,把"侯家"和"周家",把父一辈与子一辈,把南北两个昆曲世家的命运紧紧连在了一起,我认为其传承意义怎么说都是不过分的。

如此,我很是欣慰,作为长辈,我非常看重好璐这孩子,有这么好的自身条件,有这么深厚的家传渊源,又非常年轻,非常用心。从好璐身上具有的世家风范,我看到了昆曲的未来和希望。因此,我愿借这篇纪念大师的文章,感谢周传瑛、张娴两位前辈以及世琮、朱雅伉俪对好璐的影响,感谢北方昆曲剧院对好璐的培养和关爱。

杭州演出结束的当天晚上,回到宾馆我久久不能入睡,好璐演出结束后在

---

[1] 周世琮,周传瑛之子,知名昆曲导演。

台上当着全场观众给我鞠躬的感人情景深深印在了我的脑海。

我知道，那一刻，是好璐代表大师，代表晚辈对昆曲的鞠躬，这一躬让我感动，让我动容，让昆曲人铭记。

我也知道，那一瞬间，是好璐代表我们父一辈和子一辈向南北昆曲致敬，这一敬使我们这些昆曲老人更感身上责任重大，更感培养青年昆曲传承人的紧迫。

说到这次到杭州和好璐演《千里送京娘》也算是个机缘，这要感谢浙昆、北昆以及世琮、朱雅夫妇。我和世琮贤弟的认识，源于上个世纪80年代，世琮来北昆给青年演员教戏。世琮好戏不倦，他爱昆曲，懂昆曲，钻昆曲，习昆曲到了痴迷的程度，对昆曲"家门"更是驾轻就熟，深得大师家传遗风。这么多年，我对世琮的评价是：世琮从一名丑行演员到名导演的经历，可以说在当今昆曲世家后人中，也是在我们这一辈昆曲人中很少见的，他是一名昆曲的"奇才"和"怪才"。

当世琮和朱雅夫妇向我提出希望能在纪念传瑛大师的演出上演《千里送京娘》的时候，我就切身感到世琮站得高看得远，他们夫妇能够从昆曲的事业、从昆曲的传承考虑。本来好璐完全可以在纪念祖父的演出中演些成熟于胸的"周家戏"，没人会有任何非议。但世琮、朱雅夫妇却让我带好璐演北昆的"看家戏"，而且还是在家里现学，他们夫妇手把手地给好璐一点一点抠，非常认真大度有气量，大师家风，用心良苦，可见一斑。我也是昆曲世家出身，通过这件事情，

侯少奎与周好璐合作演出《千里送京娘》
(2011，摄影吴赣生)

我不能不对世琮和朱雅夫妇深怀崇敬之意,这不仅是北昆的幸事,更是昆曲的幸事。

回想我父亲侯永奎与世琮的父亲传瑛先生,两棵比肩的参天大树,南北相互辉映。再看我和世琮这一代昆曲人,人虽然老了,但我们一颗对昆曲赤诚的心不老,人还在,希望还在。

在"山外青山楼外楼"的名城杭州,一出《千里送京娘》牵出南北两个昆曲世家百年佳话。后来好璐撰文形容这次演出是:"南北昆,相融合,传世水磨流布广;大匡胤,小京娘,百年昆韵情谊长。"说得多好呀!

杭州演出的美好记忆我会永远珍藏在心中。算来这次好璐饰演的赵京娘是我合作过的第11位"赵京娘",更是我第一次和大师的后人、昆曲世家的后人合作的"赵京娘",其示范意义与传承价值尤显厚重。一个是北方昆曲世家的后人演"赵匡胤",一位是南方昆曲世家的后人演"赵京娘",这本身就是个创举,就是个传奇,百年不期而遇,人生能有几回!我为是创造这个"传奇"的参与者而深感荣幸。

这次杭州演出之后不久,在2011年12月北昆举办的"百年风华——昆曲大师侯永奎先生诞辰100周年纪念演出"上,侯少奎的大弟子杨帆和周好璐再度上演侯派名剧《千里送京娘》。一年之内,南北昆坛"双百纪念演出"《千里送京娘》的演出盛况让侯少奎很是感动和欣慰。同月,应全国政协的邀请,在全国政协举办的"两岸四地中国戏曲艺术传承与发展·北京论坛暨2012年全国政协新春戏曲晚会"上,侯少奎和周好璐又再度合作出演《千里送京娘》,受到国家领导人以及全国政协委员们的热情赞誉。

《千里送京娘》的50年历史很传奇,它传奇在:

这出戏是侯派大武生戏里唯一一个武生加旦角的戏;

这出戏50年里前后换了十一位旦角,唯一没换的是侯少奎,这是其他戏所没有的;

这出戏虽是新编戏,但50年演下来,却成为传统戏,这是北昆历史上没有的;

这出戏中武生和旦角,赵匡胤和赵京娘的表演,如今成为昆曲武生和旦角的标准;

这出戏是北昆目前唯一一部由全国昆曲院团青年演员共同继承的剧目。

《千里送京娘》的成功经验非常值得全面认真地总结。

在《千里送京娘》50年的演出中,侯少奎最大的遗憾是没有和北昆名旦蔡瑶铣合作过,北昆历史上有"洪(雪飞)、蔡(瑶铣)、侯(少奎)三大头牌"的说法,这是历史形成的。"我和洪雪飞合作过,如今,雪飞和瑶铣都去世了,没能和瑶铣合作这出戏,不能不说是我非常大的遗憾。"说到这里,侯少奎无比感慨。

八、学唱"样板戏"《红灯记》

"文革"中北昆被迫解散,大部分人去了北京京剧团,原来的虎坊桥工人俱乐部成了北京京剧团的剧场,旁边的虎坊公寓也属于北京京剧团,侯少奎等都到那儿上班去了。

当时在京剧团里,有很多很好的老师,像王瑞芝(孟小东和谭富英的琴师)、刘盛通、王世续这些前辈,都曾经教过侯少奎。

侯少奎跟着王瑞芝老师学了不少玩意儿。王瑞芝说:"要找少奎这样条件的演员不容易,这样的人才,我要好好教教。"于是,他点名要了侯少奎和耿其昌,教他们戏,还拉胡琴给他们吊嗓子。侯少奎跟王瑞芝学了全部《红灯记》的唱腔,王瑞芝一个字一个字给他抠,教得非常细致。侯少奎从王瑞芝那里得到的,不仅是《红灯记》的唱腔,还有又高又宽又亮的嗓子——侯少奎原来的嗓音较高,但偏窄,多亏那段时间王瑞芝用胡琴给他吊嗓子,给拉宽了。就这样,王瑞芝天天给侯少奎拉《红灯记》,跟他讲京剧的唱念特色,帮他提高,给他打下了很好的京剧基础,所以后来侯少奎排样板戏《节振国》的时候,很是得心应手。

说到演现代戏,北昆是有传统的,特别是侯少奎的父亲侯永奎曾主演过北昆著名的现代戏《红霞》。

1964年为了贯彻毛主席对中宣部的两个指示,传统戏已经不让演了,新编历史戏也不行,北昆的昆曲《李慧娘》被打成了"鬼戏",受到了批判。全国现代戏汇演的时候,山东省京剧团拿出来个京剧现代戏《奇袭白虎团》,反响不错。北昆就赶快去学了,学完了移植成昆曲现代戏《奇袭白虎团》,戴祥祺饰严伟才,侯少奎饰韩大年。在上海等地演,观众反响很好,一天演3场,连续演了40场,场场都爆满,很多人想看都买不着票。在苏州演出时,观众为了抢着买票,把售票处的玻璃都挤碎了。

侯永奎在《奇袭白虎团》中饰政委的定妆照

侯永奎带队从南方演《奇袭白虎团》回来，得知北昆马上就要解散了。想到北昆就要没了，侯永奎回家后就总是闷闷不乐，难过得直哭。他是个不善言辞的人，很多话都是憋在心里说不出来，这也直接导致了侯永奎后来因为抑郁而患上"脑血栓"。

侯永奎在感情上始终无法接受解散北昆的这个决定。所以北昆在长安唱最后一场《奇袭白虎团》的时候，侯永奎就主动提出来要唱政委，政委原来是傅雪漪演的。侯永奎在台上演着演着，忍不住哭了，其他演员也都跟着哭了，不止台上每个人都哭了，连后台都有呜呜的哭声。

1966 年"文革"开始，成立了 9 年的北昆正式解散。

谁也没有想到，在长安大戏院侯永奎演出的那场《奇袭白虎团》，会是侯永奎最后的登台，是侯永奎的"绝唱"。

随着毛主席"五七"指示的发表，中国京剧院、北京京剧团、芭蕾舞剧团、中央乐团等一起，在昌平小汤山成立了"红艺五七干校"。宣布去"干校"的名单中，曾经属于北昆的有侯少奎、张美恭、张毓文、李志和等，当时名单中还有侯永奎和谭富英两位老师，但后来说他们的情况必须得给"上边"打报告批准，所谓的"上边"，也就是江青。据说江青说，"这两个老师不要去了"。于是，侯永奎和谭富英就留下了。当时去"干校"的还有北京京剧团的赵燕侠、刘秀荣、汪本真、闵兆华、刘雪涛、张宏翔等。

在"干校"主要是务农。侯少奎觉得既然是来干活，就该踏踏实实地干，所以他特别卖力气，田里几乎所有的活儿全都干过。

有一次，侯少奎到小汤山疗养院去挖河泥，到了街里，一个中国京剧院的人开着手扶拖拉机，看见街上有人就慌了，油门也不知怎么踩了，闸也不知道怎么拉了。正撞在侯少奎的腰上，人整个一个大"扑虎"就出去了。侯少奎趴在地上，唯一的感觉就是自己没死，但动不了。大家赶紧用空排子车把他拉到小汤山疗养院，照片子一看，腿骨折了。在小汤山简单做了一下处理，后来还是回到北京，一个正骨的阎大夫给他接上断骨，打上绷带。在家休息了四五个月，就又返回干校了。

当时侯少奎的左腿看起来是没事儿了，可是打那以后就使不上劲儿了。以前侯少奎"扳腿"功夫可好啦，很轻松就能做得非常漂亮。可是后来就只有另一条腿可以，这条腿扳不到以前那么高了，扳起来特别费劲，也很疼，只能忍着。

"干校"是半个月休息一次，每次他都是骑车从昌平小汤山回家，再从家骑回小汤山，来回是140里地，不管春夏秋冬，都是骑车。家里上有老下有小的，就把侯少奎一个人放在"干校"，他什么都照顾不到。那时大女儿小爽刚学会走路，一次侯少奎刚气喘吁吁地回到"干校"，还没坐下喝口水，电话铃就响了，孩子姥姥说孩子发烧了，很厉害，让他回去带女儿上医院。侯少奎就跟连长请了假，赶紧蹬车又回去，不等到家，天就黑了。那时路两边都是高粱地，没有路灯，晚上风一吹，哗啦哗啦地响，黑了咕咚的。侯少奎好不容易蹬到家，抱上小爽到医院去看病，结果没什么大事，第二天上午又蹬老远的车，再返回"干校"。

就是在那样的环境中，侯少奎还是喜欢唱戏，向往着舞台。没机会演出，就偷着摸着活动活动，不管一天干活下来多累，也得压压腿、练练功、练练唱，不能让嗓子搁回去。有时心里太压抑了，到晚上他就到外边野地去遛遛，喊喊，痛快痛快。

在小组里，侯少奎是正组长，李玉芙是副组长。他们俩经常跟陶宗顺（北京京剧团钢琴师）一起唱《红灯记》，侯少奎的李玉和，李玉芙的铁梅，陶宗顺用钢琴给他们伴奏。侯少奎是一天不落，晚上多累也得跟着琴唱几遍吊吊嗓子。有时小汤山附近的农民到"干校"联欢，都是侯少奎和李玉芙的《红灯记》，陶宗顺钢琴伴奏。大家给侯少奎起了个外号，说他是"汤山红"。

在"干校"的还有裘盛戎老师的琴师汪本真，有时他也会来找侯少奎，说："爷们儿，走，唱几句。"侯少奎就上他屋里去吊嗓子，那时候都是用"样板戏"来吊，还别说，在"干校"有这么好的老师带着侯少奎，使他在唱功上真有不少进步。

九、"不让唱戏，我坚决不干"

那会儿"干校"里的演员很多都是角儿，比如赵燕侠、刘秀荣、刘雪涛等，都是所谓的"牛鬼蛇神"、"走资派"、"黑帮"，剧团不要的。经历了一些事，慢慢地，侯少奎明白了，他们这些人都是被"淘汰"的，不想要谁留在舞台上，就送他去"干校"，让他荒废几年，就再也不能回舞台上去了。

后来阎桂祥、刘秀荣等人，都陆续从"干校"回团里工作了，可唱昆曲的一个回去的也没有。侯少奎就想："坏了，这下彻底完了，非让他们给改了行不成？"没曾想，这事儿还就真让侯少奎给料着了。

一天，北京京剧团搞行政的周淑兰和另外一个军代表找侯少奎谈话，说组织决定让他改行。侯少奎请他们说明理由。他们说觉得侯少奎搞京剧不合适，再说在干校也待了那么多年了，组织关心他，觉得他应该改行，去印刷厂，算是带个头，后头有好些人也要调到印刷厂。他们还说这是组织经过慎重又慎重的考虑才做出的决定，要求侯少奎服从，还问侯少奎有什么想法。

侯少奎当时就火了，说："我干戏曲不合适吗？你们根本不了解我侯少奎，我和你们不客气地讲，你们的决定是错误的，而且是不负责任的。我从昆剧院到京剧团，一没用，二没培养，把我弄到干校这么多年，荒废我。现在我还很年轻，你们又让我改行，这本身就更是不负责任。问我的意见，好，就三条。第一，我爷爷、我爸爸，还有我，我们家三代干戏曲的，我在昆曲和京剧方面都是有基础的。第二条，别说北京京剧团，就可着全国范围找，找我这样条件的，我这样的嗓子，你找找去，不是我吹，我是独一无二，你们再也找不着第二个。我的条件你们不是不知道，愣睁眼说瞎话，说我不适合干戏曲，你们的慎重又慎重是假的。第三，不让唱戏我不干，我不服从，你们爱怎么着就怎么着。"

说完这三条，侯少奎转头摔上门就走了。平时侯少奎不是这样的人，思想比较单纯，一向老老实实的，基本也没脾气。但是刀都架到脖子上了，侯少奎实在是忍无可忍。侯少奎摔门后，他们还说"请你再考虑考虑"。侯少奎说："不用考虑，就这三条！"

侯少奎已经在"干校"待了三年了，演员统共有几个三年呢？

他们这么对待我，本身就够过分了。不让我演戏，我已经忍了，现在居然逼我改行！我要是不喜欢唱戏，早上中央美院学画去了，也不会吃那么多的苦练功，我可能就这么被他们给毁了，当时我真是气坏了！

那时候是"文革"，只要给侯少奎安个"对抗领导"之类的罪名，就吃不了兜着走。"我倒没什么怕的，但是父亲当时身体不太好，我怕他生气，也怕我万一出什么事，他会受我的连累。所以我就开始想办法，想到给上边的人写信反映情况。"

可写给谁呢？谁有这样的权利改变这个决定呢？

我这个人不太明白政治，上头的人我一个也不认得，只知道当时是江青在管样板戏，而且她还比较知道我父亲，因为解放初期是她把父亲和一批老艺人调到北京，毛主席和她看过我父亲的戏，也只有写给她才有可能干涉这个事情，改变这个决定。当时已经没有任何办法了，所以我左思右想了好几天，决定给江青写封信。

我写了一封很工整的信，信的内容就是关于父亲的病情和我在干校的情况，以及组织上让我改行去印刷厂的决定等，结尾写上我的名字，然后装进信封。

头天晚上写好信，第二天侯少奎就骑车直奔中南海西门，门口的解放军问他干什么。侯少奎说他是北京京剧团的，送封信给江青。门卫进去打了个电话，一会儿来了一个军官，带侯少奎进了接待室。侯少奎告诉他自己是样板团的演员，请他把信转给江青。他答应了，侯少奎把信给了他就回家了。

我其实是个见领导不爱说话的人，没事不会往高层那里凑，那会儿是真给我逼急了，实在没法子，属于"病急乱投医"了。我回家以后，心里也没底，心想那人也不一定就把信转上去，就是转上去了，也不一定就有回音。反正我也没辙了，只好指望着这最后一招了。这招要是不灵，我就只好任他们摆布了，想不改行都不行。

这事情之后没两天，侯少奎的弟弟侯双龙晚上骑车来找他。侯少奎还以为是父亲病重呢，弟弟说不是爸怎么了，是刘海峰秘书来了——刘海峰是当时北京市书记吴德的秘书——说让他赶快回家，人家在等着呢。

侯少奎到家一看，刘秘书正等着他呢。他一见侯少奎就站起来说："少奎同志，你好你好，我是吴德同志的秘书，我叫刘海峰。"侯少奎赶忙请他坐下。他说："我今天来传达江青同志和吴德同志的指示来了。"侯少奎一听，心想：希望是好消息吧。刘秘书说："江青同志指示，第一，叫您马上回团工作；第二，侯永奎老师的病要有专人负责，组织负责提供一切方便给侯永奎老师。江青同志原话是这么说

第二章 从艺篇

的：'侯永奎老师是在艺术上对戏曲界作过突出贡献的一位同志。'这是江青同志见到您的信后马上给吴德同志做的批示，吴德同志叫我来，传达给您。"

刘秘书走了以后，侯永奎对侯少奎说："想不到你小子还有这么一招，遇到这么大的事儿，你也不跟我说。"侯少奎说："我不跟您说，一是怕您着急，二是这信递出去，要是没回音，别说我，您都得凉半截。这么着，我就来了个先斩后奏。"侯永奎说："好小子，看不出来，你真够可以的。"

第二天京剧团的军代表们来了，态度和以前大不一样了。一进门，笑着问长问短，说："少奎同志，你马上回团工作。江青同志有指示，请你回来参加工作。你父亲的病我们组织会有安排的，因为团里没有小卧车，我们打报告要了辆车给侯老师看病。"结果团里要的车马上就批了，是吴德批的。又因为侯永奎的房子挨着一个锁厂，噪音很大，他们说不利于侯永奎养病，打了个报告，吴德和江青同时批了，给了天坛东里的两套房，一个三居，一个二居，就让侯永奎搬到那边去了。

侯少奎是一贯好脾气的人，在关键时候爆发了一次，做了好像不符合他性格的事情，结果改变了他的命运。

侯少奎没有离开他心爱的舞台，他又回来了。

现在回过头看这段故事，在那个年代，如果不是侯少奎被逼急了"冒一次险"，恐怕真就没今天舞台上的侯少奎了。

十、为毛泽东录诗词和传统戏

1975年的一天，组织上找到侯少奎，说让他到民族饭店待命，不说是什么事情，也不让问。

> 我就去民族饭店待着，吃得也挺好，睡得也挺香，这样过了有三四天的样子，我还挺纳闷，到底是什么事情呀。

有一天吃完晚饭，有个人通知他，说："侯老师，请您9点在大门口集合，有车接您。"光说集合，还不说是什么事儿，搞得挺神秘。结果9点侯少奎下楼，上了车一看，就他一人。他想：这是拉我去哪儿呢？车往复兴门走，过了复兴门还往前走，侯少奎认识路，这不是往钓鱼台走吗？果然就到了钓鱼台，到门口车被警卫拦住停下,查明了是侯少奎,就带他进去了,说让他进去等首长接见。

　　我进去一看,里面已经有早去的人了,都坐在沙发上,有认识的,如李少春、高盛麟、于会泳、刘庆棠等,另外还有不认识的。北京京剧团的就我一人,那时我三十多岁,差不多是所有人里头最年轻的。进去后我就挨个儿打招呼,然后坐在边上跟李少春说话。突然听见"哗"地大家都站起来了,我还不知道怎么回事,站起来刚往边上一侧,感觉差点踩着一个人的脚,一看,是江青,她是从我后头走过来的。

　　记得当时她穿的是那种不系领带的女西服,头发挺亮,戴着一副眼镜。我跟她打招呼,她说:"少奎吧?"我说:"对对,我是侯少奎。"她又说:"你好,你爸爸好吗?"我说:"我爸爸非常好。您的指示都落实了,我父亲身体养得很好,他说让我如果见到您要替他问好,并且谢谢您。"她说:"好,你回去说江青也问他好呢。"

　　她在前面坐下,说这次请大家来,是要搞一个很保密的录音录像组,任务就是给主席录音录像。先请大家听老唱片,然后座谈,看有什么想法。之后就放了一些余叔岩等二三十年代的老京剧唱片,放完后,大家开始座谈。

　　这时就听江青喊"少奎",我连忙应了一声。她问我:"《夜奔》忘了吗?"当时我的脑子"嗡"的一下子,心想:全国都是样板戏,老折子戏多少年都不提了,她突然问我《夜奔》干什么呀? 我跟她说我没忘,她就让我走一遍看看。

　　当时在场的有东北京剧院的赓金群,以前傍着李少春打鼓,鼓打得好,他来的时候就带着下手活儿,一个键子一个板。江青叫他给我打板。我说"叔叔您放开打",他说"你放开走",我就把衣裳一脱,腿压了压,就开始了。

　　这个戏差不多十年没演了,可我居然走得倍儿顺,一下都没落。没有笛子,我就自个儿干唱,从头至尾演了一遍。

　　"此一去博得个海阔天空"一句,开唱之前我有个身段,这身段一做,江青在底下就说"真漂亮",夸我这身段好。完了之后,她说:"好,少奎,就由你给主席录像。"

　　这事儿就这么定了。

　　之后又请高盛麟老师走《挑滑车》,说不要多,就要走边那段[石榴花]。

　　完了之后招呼大家吃饭,一人一份饭,溜鱼片、一个青菜、一碗汤、一小碗米饭，还有几个小花卷。吃饭过程中我就和李少春、高盛麟老师聊天。李少春说："少奎，你还真没忘啊，我还担心你走不下来呢。"我说："这是我爸一招一式教的，从小学的，忘不了。"吃完饭后把我们带到一个会议室开会。

会议室过道两旁都是茉莉花，江青摘了朵茉莉花，说很香，然后对我说："我看你父亲的《夜奔》，还是我在天津的时候。那时我可没少看你父亲的《夜奔》，他的《夜奔》是真好。他给主席演了多少次了，主席也爱看。主席要看你父亲这出戏，可是我知道他演不了了，我就把你父亲生病的情况跟主席说了，主席问还有谁能演这出戏让我看看，我说他有个儿子，演《夜奔》演得不错，很像他，这样我叫你来了。"于是，我就跟江青说我一定好好录像让主席满意。

到会议室后，江青就谈我们这次的任务："这次要录几批传统戏给主席看，虽然社会上不演老戏，可是主席有主席的战略部署，咱们这是一项保密工作，回去千万不要大张旗鼓地说。第一批就是侯少奎的《夜奔》、高盛麟的《挑滑车》、李少春的《偷桃盗丹》。第二批第三批再考虑，群众演员由天津市京剧团负责。今天就是开第一次录音录像会，大家有什么想法可以交换交换。"

我们大家说：既然主席要看，一定有他的想法和战略布署，我们保证完成任务。

散会之后，司机把我送回家。

到家已经4点了，父亲问："你怎么今儿起五更就来了？"我就偷着把刚才的事儿告诉了父亲，一听是要给主席录《夜奔》，父亲很激动，也很感慨，说："哎呀，不容易啊。少奎你能有今天，可真不容易啊。给主席录像，你得好好干呐。"

我上班以后向领导汇报，把当时的情况、江青什么指示等马上和军代表及时进行了汇报。那时的指示是不能过夜的，江青的指示更是了不得，非得立刻办不可。我把事情一说，组织上说好，我们一定支持。

原来演《夜奔》的一套服装已经找不着了，录像之前我得去做箭衣、罗帽、彩裤、薄底这些东西，我就去剧装厂找了个熟人师傅，说要做一身《夜奔》的。那个师傅觉得很奇怪，说："《夜奔》是老戏，你这是要干嘛呀？"我说："您甭管，只给我做吧。"师傅给我量了量，说："行，等着来拿吧。"到底是老师傅了，做好后，这衣服一上身，就特别合适。现在这身衣服在台湾，我去那儿演出时人家留下放到博物馆了，就是洪惟助在台北搞的那个戏曲博物馆。

过了没几天，就通知我们在车公庄市委党校报到集中，有蔡瑶铣、杨春霞、闵惠芬，还有总政的一个吹笛子的同志。我们就住在那儿。

当时的导演是莫宣和杨洁，化妆是王希钟，几大战役电影和电视剧《西游记》的化妆都是他。他不是按戏曲的妆化得那么浓，是淡淡的妆，眉毛贴假的，但和真的一样，整个妆非常自然漂亮。

我们排练、合乐就在复兴门的广播剧场。先期录音在中央人民广播电台。当时《夜奔》的锣鼓好像是李和宝老师，笛子是王大元，其他的二胡、琵琶等都是京剧团的。录完音后，到广播剧场再配像，边放录音边在台上演，三台机器同时录像，完后由北京电视台[1]剪辑合成。

我的《夜奔》录完后，电视台的工作人员直接把转播车开到中南海去，主席在屋里看的。后来他们跟我说，主席看了以后很满意，说了四个字"后继有人"。

后来我曾到中央电视台找过那次《夜奔》的录像，这个戏给毛主席看后，还在中央电视台播过一次，但没找到，很遗憾。

我还陆续给主席录过一些唱。记得有《邯郸梦·扫花三醉》，其实这是吕洞宾的戏，在昆曲里头是官生应工的。但是那时候不知道为什么让我给录了一次，后来岳美缇也录了一次，伴奏都是北昆的。除了昆曲以外，还录过一些诗词，记得有一首刘禹锡的《石头城》："山围故国周遭在，潮打空城寂寞回。淮水东边旧时月，夜深还过女墙来。"这首诗，诗人把六朝古都金陵南京放到沉寂的群山中写，放在带凉意的潮声中写，放到朦胧的月夜中写，显示出故国的没落荒凉。诗中只写山水明月，而六代繁荣富贵，俱归乌有。诗中句句是景，然而无不融合着诗人对故国萧条、人生凄凉的深沉感伤。白居易在读了《石头城》一诗后曾赞美道："我知后之诗人无复措词矣。"后来的一些金陵怀古诗词都受这首诗的影响，化用它的意境词语，也成为了名篇。如元朝萨都剌的《念奴娇》中"指点六朝形胜地，惟有青山如壁"、"伤心千古，秦淮一片明月"，北宋周邦彦的《西河》词，更是以通篇化用了刘禹锡的《石头城》。

---

[1] 中央电视台前身。1978年5月1日，北京电视台正式改称中央电视台。

录音录像完成以后,侯少奎又回到北京京剧团工作。

十一、出演"样板戏"《节振国》

"八个样板戏"后,江青还要搞个"样板",就是京剧现代戏《节振国》,领导通知侯少奎、谭元寿和耿其昌三人去学唐山京剧团的《节振国》,他们一共在唐山学了两个星期。

我们三人把戏学回来后没多少日子,唐山就发生了大地震。文化部组织了一个慰问团进到唐山慰问,我演了《节振国》,而且是和唐山京剧团幸存的演员合作演的,比如矿里反面人物的头儿耿三合是他们演的,党代表是马长礼,节振国是我演。演出就在唐山市中心一个露天剧场,其他的剧场早已经平了,而这里因为是露天的,所以没破坏,还留了个台子。我们就在那个台子上演。

侯少奎他们去时是地震后半年的样子,当时很多尸体还没处理完,房子都没了,一片废墟,到处都是瓦砾和灾民,整个地方可以说是满目疮痍,特别惨。他们就住在临时帐篷里。

记得那年春节是在那儿过的,三十儿晚上吃的饺子。富强粉三鲜馅的,搁现在没什么稀罕,可当时那么困难,唐山还给我们包这样的饺子吃,唐山人民真是很不容易。

晚饭后,我和其他人一起,出去遛弯儿。看到远处有人穿一身白,端着一碗饺子,拿着香,低着头在那儿哭。不用说,是祭奠亡人的。那哭声,真是太惨了,我们心里都非常难受。

我演《节振国》那天,下面坐的都是大地震的幸存者,很多孤儿,还有解放军。演着演着,我就演不下去了,在台上就哭起来了,大家也都哭了。

这是侯少奎演艺生涯中很特殊的一次演出。

侯少奎从唐山回来没多少日子,"四人帮"就被粉碎了。之后就准备要恢复各个剧团了,北昆也属于恢复之列。

粉碎"四人帮"后的几年主要是对"样板团"进行整顿,任何人跟"四人帮"成员有过接触的,都要交待。那时有大会、中会、小会,形式不一样,档次也不一样。

当时对所有参加江青搞的"样板戏"的主要演员都进行了审查,也对侯少奎进行了审查,因为他给江青写过信。那时所有江青收到的信,都转回了北京京剧团,所以侯少奎的信也经过了审查,但里面没有牵扯任何政治问题,只不过写了些感谢她把侯少奎调回剧团,他会好好工作等。而且剧院也都知道他给江青写信这个事儿的来龙去脉,侯少奎在小组会上做了交待,把这件事情讲得非常清楚,大伙没有什么意见,于是一次通过,这事儿就过去了。

1978年,在"解放思想,实事求是"的精神指引下,文化艺术全面复苏,"样板戏"十年一贯制一统天下的现象被彻底打破,全国各剧团开始演传统戏了。北方昆曲剧院的恢复工作也提上了议事日程,以陆放和周仲春牵头在"样板团"虎坊公寓地下室开始筹备北昆的恢复工作。

十二、北昆复院后

1979年5月,北方昆曲剧院在解散了13年后再次挂牌,地址选在了北京宣武区陶然亭路14号,就是现在的北方昆曲剧院所在地。在经历了十年"文革"后,北昆正式恢复了。

在庆贺北昆恢复的演出方案中,有侯永奎的《单刀会》。

侯永奎很高兴北昆又恢复了,答应在舞台上再露一露,准备唱《单刀会》。侯少奎就帮他父亲拿勒头带子和厚底开始在家适应,帮父亲把头给勒上,试试头上感觉行不行,再扶着他蹬上厚底儿,踩踩看脚上力道成不成。当时侯少奎看他父亲还可以,就把乐队的笛师王大元请到家给他父亲吊嗓子,嗓子也没问题,后来合乐也不到团里去,到家来,一切就绪,就准备演出了。

可能是因为侯永奎太激动了,临演出前突然脑血栓复发,病情严重,根本不能演出。于是北昆决定在侯少奎和李淑君、白士林和洪雪飞两对演员中选一对演《千里送京娘》,把原排导演樊放请到了虎坊公寓,由他来看,然后挑选决定。结果一演完,樊放立刻决定,认为侯少奎和李淑君最合适。这样就定下侯少奎和李淑君演大轴《千里送京娘》,前面是洪雪飞的《断桥》和白士林的《夜奔》,头出是张志斌、张敦义、白晓华等的《打店》。

戏码就这么定下来了,在民族文化宫定了三场演出。庆祝北昆恢复的演出消息一见报,票没几个小时就卖完了,三天爆满。这三场演出,好评如潮,观众特别热情,掌声不断。

侯永奎也被接到剧院去看戏了。看了侯少奎演的《千里送京娘》,侯永奎激动地说:"少奎,你的戏又有长进了,在北京京剧团一待就是10年,别看隔了这么长时间没有唱昆曲,现在我感觉你的嗓子很宽很高很亮,而且你勾脸进步也很大。台上的火候,出场的那种感觉,我觉得相当好,你自己好好努力吧。"

侯永奎的脑血栓病后来又反复发作了多次,1981年6月22日不幸去世了,那天正好是北昆成立24周年的日子。侯永奎病中的最后几年,侯少奎一直侍奉着父亲,直到最后一刻。侯永奎在去世前还跟侯少奎说《单刀会》,很多身段他走不了了,就让侯少奎在他的病床前走,看是否正确。

《单刀会》中的"望水"一段,是侯永奎最后指点侯少奎的一场戏。

> 父亲走的时候,还是把他身上三分之二多的戏带走了,我只从他身上继承了不到三分之一。父亲会那么多戏,但是因为很多原因和当时条件所限,很多戏都没有留下来,没有教给我,没有录下来,非常遗憾。父亲在病中对我母亲说过,自己的艺术没有完整地传给儿子,觉得很遗憾。其实不光是对我们父子来说,对昆曲,对京剧,都是一个很大的遗憾和损失。现在一想起来,我就觉得非常揪心。所以我一直都想,只要是我会的戏,只要学生愿意学,我都愿意教,一直教到我教不动为止。

1980年后,演出和比赛逐渐地多了起来。

1984年北京市中青年会演,侯少奎以《林冲夜奔》参赛,获得了个人优秀表演奖。同年,侯少奎凭着《单刀会》和《夜奔》获得了第二届戏剧梅花奖。

1986年,北昆排演了新编历史剧《南唐遗事》,侯少奎在剧中饰演赵匡胤。1987年北昆排演新编历史剧《宗泽交印》,侯少奎饰岳飞,在北京市举办的新编历史剧汇演中荣获个人优秀表演奖。

1996年北昆排新编历史剧《水淹七军》,侯少奎在剧中饰一号人物关公,董红钢饰庞德,蔡瑶铣饰关夫人。侯少奎又凭该剧在北京市举办的新编历史剧汇演中荣获个人优秀表演奖,在大陆和台湾均受到好评。

《宗泽交印》,侯少奎饰岳飞　　　　　　　　《血溅美人图》,侯少奎饰李自成

北昆 20 世纪 80 年代排新编戏比较多,像洪雪飞、蔡瑶铣几乎是一出一出紧接着地排,可侯少奎自己主要还是演传统折子戏,比如《单刀会》、《千里送京娘》、《林冲夜奔》等,这些戏有内容,有韵味,演起来有感觉,有收获,而且戏迷也爱看。为了这个,侯少奎没少挨人说,说他"保守"。

其实我这人一点也不保守。我觉得,时代在变化,人的审美观也在变化,戏曲完全不进步也是不行的,但是改革要保留戏曲传统的精华的东西,像舞台啊、程式啊、场面啊这些,都不应该大动。就像《林冲夜奔》这个戏,保留到现在,几乎没有大动过,虽然是一个人,虽然场面很简单,但观众还是很喜欢的。

十三、第一次"触电"

20 世纪 80 年代,侯少奎有过一次"触电"的经历。

1987 年,香港新海华电影公司、北京电影制片厂、山西电影制片厂打算联合摄制大型历史故事片《关公》,从"桃园结义"拍到魏、蜀、吴"三分天下"为止。主角关公的合适扮演者一直找不到,制作方试了很多演员都不理想,感觉都没有关公的神韵。这时香港导演杨吉友就找到前北京市副市长陈昊苏,让他帮着给推荐演关公的人选,陈昊苏就推荐了侯少奎。导演和副导演请侯少奎到北影,聊了一聊,照了两张便装照,感觉非常满意。剧组就跟剧院定了合同,侯少奎这就算正式"触电"。

当时的《关公》剧组,周瑜是陈道明演,侯少奎和他曾住在一个屋里,侯少奎是戏曲演员的老习惯,总是起得很早,而陈道明则是典型的电影演员习惯,晚上不睡早上不起。貂蝉的扮演者是总政歌舞团的舞蹈演员王霞,她给这个全是男人的戏添了不少彩。演刘备的是王文有,演张飞的是田春虎,演诸葛亮的是赵彦民;张建利演赵云,挺帅气的,身上功夫也不错;还有李雨森的曹操等。

试妆的时候,剧组给侯少奎化了普通的淡妆。他就跟导演建议,这个妆别太生活化了,人人都知道关公"面如重枣",如果扮出来的关公不是红脸,观众一定不承

侯少奎在电影《关公》中饰关公

认的。还有张飞的化妆底色也要稍微黑一些,这样符合传统。导演后来采纳了他的意见,造型师按侯少奎的意见做了相应改动。

关公是美髯公,蓄五绺长髯。为了造型的真实,侯少奎的爱人王燕菊还贡献出了一绺她年轻时的长辫子,给化妆师做成了电影中的关公的胡子。后来在看片子的时候,感觉这胡子特别真实。

在拍摄工作中我发现,我的戏曲舞台经验对演这个电影非常有帮助。当然电影中的关公不像舞台上那么程式化,那么夸张,电影要表现的关公,有生活气息,是个活人而不是神,有七情六欲,但是如果没有功架和气质,就不像关公了,这就是为什么前面那么多人试镜都试不出关老爷感觉的原因之一。

艺术是相通的,各种不同的表演形式要相互借鉴。比如电影里有些情节就是借鉴了戏曲舞台上的《刀会》和《华容道》等,侯少奎把自己的一些戏剧的身段表演等东西用进电影里去。当然,电影的一些比较生活化的表演也可以借鉴到戏曲舞台上去,所以侯少奎觉得这个电影没有白拍,作为一个戏曲演员,多接触一下其他艺术形式很有必要。侯少奎在这次电影的创作过程中有了很多的体会,有了新的认识,使他后来在舞台上演关公戏越演越好。

电影前后拍了7个月,剧组走遍了全国各地,到过山西、四川、河北等地,很多马战,像"过关斩将"这些戏,都是在四川拍的,侯少奎在川北学会了骑马。

我学会骑马倒没花很久,但是马毕竟不是人,不知道顾全大局,有时就是不听话,开机了,它不高兴,腿怎么夹都不动,等大家都被折腾得累了,不拍了,它倒又跑上了,想起来真是又好气又好笑。虽然看电影的时候没觉得什么,但是其实要拍一个很成功的镜头是很不容易的,尤其是马战,那么多马,谁也不知道哪匹马就要犯点"驴脾气"。

《关公》当然少不了武打的场面,虽然有后期剪辑,但是拍的时候都是真打,有香港的武术教练事先设计动作,商量好如何打,然后走一遍,再和武术教练交流,根据演员的想法再调整。

这个电影里有"斩卞喜"一场戏,是步战,卞喜用流星锤,关公用青龙刀。侯少奎设计了一个动作,青龙刀一上膀子,胳膊肘转一圈,再一晃背刀,然后拦腰斩了卞喜。武术指导说这个编得好,漂亮,就按这个来了。

关公收黄忠的情节里有一场打戏,马战和步战都有。侯少奎跟武术指导一起设计这个步战,想到老戏里头有"张飞夜战马超",非常精彩,可以借鉴一下,于是来了个"夜战黄忠",大家都觉得这主意不错。正式拍摄的时候,双方军兵都打着灯笼,一开打,气氛热烈极了。

我年轻时练功的时候,特别喜欢耍大刀,所以我的大刀好极了,常常是贴着对手的背心或者后脑就削过去了。跟黄忠对打,我在马战和步战中都用了这样的"功夫",看得一边的"士兵们"心惊肉跳,直呼过瘾。

我每到一个新的地方,只要有关帝庙,我都会去拜一拜。一个是拜一下关公,表达一下崇敬之情;另一个也是为着看关公不同的造型。关公的经典造型很多,有坐着、站着、持刀、背刀,还有秉烛夜读《春秋》等等,姿势都非常漂亮。观察这些造型,可以加深我个人对关公的理解,也可以从侧面观察到民间对关公的某些特质的崇拜。另外我也把这些造型化进了戏曲身段中去,丰富了关公的舞台造型。除了参拜各地的关帝庙外,我还请了一个关老爷的像,走到哪儿带到哪儿,一个是托关公保佑,一个是自己演这个戏别忘了关老爷这个形象,随时看看,找找感觉。

在山西拍片现场,有一次侯少奎正在马上提着刀等待开机,好多老百姓围过来,突然都跪下了,吓了他一跳。侯少奎说你们这是在干嘛呢,其中一位老太太说他们拜关老爷呢。因为看他骑在马上的感觉跟真老爷似的,不由自主就想拜一拜。侯少奎连忙下马把他们扶起来,说担当不起,这是拍电影呢,大家这才起来。山西是关公的故乡,那次的事情使侯少奎深感当地老百姓对关老爷的崇敬。

十四、老马自奋蹄

1994 年,全国六大昆曲院团在香港九龙文化中心演出。之前香港市政署到内地挑节目,据说他们看完《单刀会》都激动得睡不着,侯少奎的《单刀会》和《千里送京娘》自然入选。那次演出给侯少奎配鲁肃的是祝孝纯,周仓是贺永祥。

同年,侯少奎再次受邀在香港大会堂演出,三天的戏码分别是《千里送京娘》、《钟馗嫁妹》和《单刀会》。

《千里送京娘》演完之后的那天晚上,侯少奎的胆囊炎犯了,折腾得他一整夜都没法入睡,第二天下午眯了一会儿,晚上还是坚持上台演《钟馗嫁妹》。

我这人,在台上狠着哪,疼成那样,还是满宫满调地唱,身段也不减。观众的反响好极了。可是我一到后台,卸完妆,连坐的力气都没有,都累趴下了。很多跟我关系不错的香港朋友来后台问候,看到我的样子,都直掉眼泪。

第二天,香港报纸上就有了报道,称侯少奎为"活钟馗"。

侯少奎快 60 岁那年,广东粤剧团的罗家英、北京京剧院的叶金援和侯少奎合作,他们三个同台赴港演出关公戏。

《钟馗嫁妹》，侯少奎饰钟馗

　　第一天是罗家英的《华容道》，他曾经跟李万春先生学过。

　　第二天是侯少奎的《单刀会》。演出前，罗家英和汪明荃一起来预祝他演出成功。汪小姐在电视台工作，她就当场来了个采访。侯少奎当时表示："每个剧种有每个剧种的特色和长处，应该互相借鉴学习。我和罗家英也是不错的朋友，老朋友同台合作很愉快，希望能够互相学习，取长补短。"

　　从侯少奎勾脸开始，罗家英就坐在一边看，讨论脸谱的问题。后来侯少奎上台演出，他就在侧幕看。侯少奎下场的时候，他激动地说："少奎哥，您演得太好了！"

　　但我还是请他给我提些意见。我觉得一个演员，是在批评里才能不断进步的。我的《刀会》这个戏是比较好看，但绝对不是到头了，我还是要继续丰富。观众们爱看，同行们又比较客气，自己可不能自满了，"艺无止境"嘛。

　　第三天是叶金援的《走麦城》带"封神"。这出戏侯永奎曾再三嘱咐侯少奎不要学，所以侯少奎一直没有学。因为侯氏父子都因演关公戏而获得"活关公"赞誉，他们希望能在观众心目中保持关公完美的艺术形象。但是这个规矩在2010年被打破了。2010年北京电视台虎年春节联欢晚会上，侯少奎应邀出演晚会版的《金关公》，这是侯少奎第一次勾金脸关公，据说关公属虎，侯少奎也属虎，虎年为讨个吉利,侯少奎首扮金脸关公,大胆进行了一次艺术尝试,受到观众喜爱。在北京电视台"我最喜爱的春晚节目评选"中,侯少奎的《金关公》名列前茅,超过了许多大牌明星的节目。

2000年,应邓宛霞邀请,侯少奎去香港与她合作《千里送京娘》,另外演一场《别母乱箭》。

《别母乱箭》这个戏,侯少奎几十年没演过了,所以憋着一股劲,所有的动作都是按照原样走。观众们看得直呼过瘾,而后台的工作人员却为他捏了一把汗,那年侯少奎62岁。

2003年在香港"南北名家昆曲汇演"的时候,侯少奎再次出演《别母乱箭》。演出之前,剧院和侯少奎约法三章,要求他"悠着点"演,不要走那些高难度的动作,侯少奎也答应了。可是一上台,锣鼓点一起来,情绪上来,就不能"悠着"了,完全忘了他自己已经是65岁的人,照样摔僵尸、肘棒子、摔变脸僵尸……看得人们都心惊肉跳。

后来,香港的杨明先生在他的文章《壮哉,别母乱箭;伟哉,侯少奎》里如此评论侯少奎的这个戏:

《别母乱箭》,侯少奎饰周遇吉

……癸未岁尾,喜见侯氏一年内二次重来,推出海内外菊坛几近绝传、多年无人敢动、传统昆曲武老生靠把硬工戏,老戏迷纷纷购票拭目以待:

侯少奎之周遇吉:身穿紫酱色亮缎绣金大靠,背后绑挂金黄色大绦子;头戴金漆大额子,配紫酱色绒球;腰挂金漆宝剑,配挂金黄剑穗。见侯氏扮相正宗,规矩讲究,一派忠烈良将之大气磅礴!即令笔者遥想1956年上海长江剧场(老卡尔登大戏院)看中国首次南北昆曲会演,前辈伶工侯永奎老先生演《对刀步战》与《别母乱箭》,前辈绝艺至今记忆清晰。常言道:父是英雄儿好汉。侯少奎果然不负家传与众望,前半出《别母》之唱念高亢悲怆,跪拜蹉步动之真情;后半出《乱箭》之硬功夫一样不少:大战中箭坠马,照走大靠硬抢背、肘棒子;陷马坑照走蹦义;身中乱箭再上,照旧改装开半边血脸、脑门插箭;大甩发昂首一抛,正好落于背后靠旗中缝;混战中先走探海变身僵尸;末尾拔剑自刎再走下腰挺身硬僵尸,悲壮场面令观众振奋之极!

此时剧场气势轰燃而炽,众人起立掌声雷动之中,一台戏曲终人散。

笔者以为:侯少奎年逾花甲再演《别母乱箭》,不仅绝技功夫不删不减,每到要走"玩艺儿"的节骨眼上,均不用着力"起范",说走就走,而且上下甩发、绦子、飘带不搅不乱,令人由衷叹服!今天侯氏台上之武戏真功夫与火候,乃中国菊坛"文革"之后,继裴艳玲又一梨园瑰宝也!寄语南京柯军、上海奚中路、天津王立军等南北京昆界有嗓能唱之武生者流,务必投师侯氏,承传昆曲《别母乱箭》,切莫等到绝艺失传再遗恨万千!

那夜见戏中周遇吉鞭打射塌天开打,侯氏一上来即右手拿鞭,左右抵挡,而左手则一直握在大枪杆中间,无有发挥,很觉别扭、不合适。

笔者在台下一路看戏一路追索记忆,当年观看《别母乱箭》,周遇吉的这杆鞭,应斜插在右肩背后靠旗板之中。上来先持金杆红缨小头大枪,开打群荡子,续上射塌天,一扯两扯,双过河转身往里盖,枪漫头换至左手,右手拔鞭,向外三盖三转身至正台口,左手枪漫头,右手鞭打射塌天当头,接四击头,左枪右鞭同走大刀花接三个翻身亮住……

杨明先生的意见提得中肯,侯少奎觉得很有价值。他以后可能不会再演这个戏了,但是教戏的时候可以作为参考和借鉴。

杨先生提醒后辈昆曲武生多多从老师身上学戏,我觉得这真是当务之急。倒不是说我个人怎么样,而是因为昆曲人像我这样年纪都大了还能教教戏的人不多了,小辈们再不抓紧学戏,特别是武生戏,等以后老师们年纪很大的时候,想教都力不从心了,好的东西留不下来,那真是太遗憾了。

2006年第三届中国昆曲艺术节,侯少奎还和香港的邓宛霞合作了全本的《义侠记》。

关于《义侠记》,讲的是《水浒》中武松、武大郎、潘金莲和西门庆之间的那段妇孺皆知的故事。这个戏全部都是侯永奎亲授,侯少奎学得很瓷实,在内地很多地方都演过,出版过音配像的《义侠记·打虎游街、戏叔别兄》,所以很多观众都很熟悉这个戏。

《义侠记》的第一折《打虎》,唱也好,演也好。特别是前面"酒馆",[新水令]的曲子特别好听,侯少奎继承了他父亲的嗓子,比如"老天何苦困英雄"一句,就特别能唱出那种豪壮而无奈的感觉来。[折桂令]的"又何需炙凤烹龙,鹦鹉杯浮琥珀光浓"这句,也是需要满宫满调地唱。

《义侠记》,侯少奎饰武松,邓宛霞饰潘金莲

喝酒的这一场戏,除了表现武松的豪迈,也突出他个性里有点"拧"的东西在里面——你酒保不是说这酒不能多喝嘛,那我就要多喝;你说有老虎,我就"偏向虎山行"。另外也表现他的困境,喝完了酒,兜里的银子还不够这一顿酒钱,唱一句"好教俺羞涩囊空",个性里细腻的感觉也出来了。

昆曲里的武松和其他剧种的不同,不是那么特别粗的汉子,戴两个卷卷的小鬓鬏,挺漂亮的,如果是大鬓鬏就显得太粗了。当然武松那种草莽英雄的感觉还是要有的,所以脸的底色偏黄。武松的钱袋子,是侯永奎的创造,用大红的布折成钱袋,塞在腰里,有装

《义侠记》,侯少奎饰武松,王宝忠饰酒保

饰性,又显得豪爽,非常漂亮。

打老虎的那一段,侯少奎是一招一式按照传统演法来的,没有其他剧种的那么多"花活儿"。武松打虎,老虎和武松的配合很关键。演老虎的演员是很重要的,非常辛苦,钻在虎形里很闷热,又需要走很多动作。被武松打不说,武松打完了还要躺老虎身上休息,常常把他给压得喘不过气来。有时候老虎在台上就悄悄跟侯少奎说:"侯哥您轻点,我受不了……"侯少奎赶紧小声叫他别说话,同时自己把身体支起一点。

演老虎真是很不容易,演员下台来的时候,一准儿是一身"白毛汗"。这么辛苦地演完了,在台上

《义侠记》,侯少奎饰武松

连个脸都没得露一下。过去的旧戏班里,这就属于"傍角儿"的活儿,演武松的"角儿"得单给老虎加钱。解放后就不是这样了,没有什么"角儿"和"傍角儿"之分,大家都是演出。过去给侯永奎配演老虎的是侯长治,现在则是北昆的董红钢,他们配合得都很默契。其实这一折戏,虽然是看武松,酒保和虎形也是很关键的。

很多观众看了《义侠记》以后都说:"这个戏可以称得上是最佳阵容。"他们说的最佳阵容是侯少奎的武松,梁谷音的潘金莲和张寄蝶的武大。

这三个演员,分别来自北方昆曲剧院、上海昆剧团、江苏省昆剧院,各自对人物的把握和表现都不错,外形上也比较契合人物——每次谢幕时,侯少奎和梁谷音搀着走矮步的张寄蝶出来,观众忍俊不禁。

　　我们这三个人虽然来自不同的地方,可合作却很默契:跟张寄蝶演"别兄"的时候,我们两个一抱头痛哭,真的跟亲哥俩告别一样,往往两人都会掉下泪来——事隔多年,张寄蝶还跟我说想再合作一下"别兄",只有跟我才能

出那种感觉;而跟梁谷音合作"杀嫂"的时候,她说我真的是杀气腾腾,吓人得很。

我们合作得严丝合缝,观众看戏很过瘾,还问我们私底下怎么练的。他们不知道,我其实听不懂苏白,一句也不懂! 尤其是跟张寄蝶合作"别兄"的时候,两个人坐下来你一句我一句说那么久,我一句都不懂,这戏还怎么对啊,他的话我怎么给反应啊?

后来我就是采用这样的办法——当然两个人的台词,像武大先说了什么,武松又说什么,这些,我都是很熟的,所以把握听话的反应和说话的情绪没有太大问题,唯一的难题就是我不知道他什么时候算说完。于是我们就约好了一些暗号,他给我一些提示,譬如眼神和小的动作,我就知道他说完了,然后就接台词。戏都是这么练出来的,到最后练得很熟了,演起来也就比较自然。但这个戏演了那么久,苏白我还是一句不懂。

对《义侠记》中武松这个人物,侯少奎有他自己深刻的理解:

观众常常要问"戏叔"的那一段,我是怎么来把握武松的。还有人不理解为什么武松要拒绝潘金莲那样一个绝色女子,觉得他不解风情,太呆。我觉得这个想法是过了。我理解的武松,是很正直、单纯又憨厚的一个人。

武松由哥哥拉扯大,二人相依为命,武大对他来说像父亲一样,他们的兄弟之情是不一般的。哥哥娶了嫂子,武松非常高兴,一来,哥哥为自己辛苦了这么多年,终于成了家,有了知冷知热的人照顾他,自己也比较放心;二来,"长嫂比母",家里有了个嫂子,就像自己有个母亲一样,算是有个像样的家了。

所以武松跟潘金莲说话的时候,恭恭敬敬;潘金莲叫他喝酒,他也不疑有他,自顾自喝着;潘金莲一步步走过来调情,他一开始还不相信,后来终于明白了她的意图,强压怒火婉转拒绝;但这个嫂子一点不收敛,还毫无廉耻地步步进逼,武松怎么能不大怒而拔拳相向呢? 他感觉大大地受了侮辱——这跟潘金莲是不是绝色佳人没关系,她再是天仙,对武松来说也就是嫂子。武松对这个嫂子无比敬重,他对自己的家正感觉一片光明的时候,嫂子却调戏他,于是,家庭的未来不存在了,他对她的敬重也成了完全不值得的。

潘金莲调戏武松不成功，也生气了，于是又想起来自己还要做人，就对武松冷笑，即跟他来横的。潘金莲的意思是："你武松没什么了不起的，你到底想干嘛呀？"武松也一样冷笑来回敬她。这里两个人比着笑三次，武松气势越来越盛，意思是："嫂子，是你调戏我，不是我调戏你呀，你有什么可横的！"潘金莲毕竟心虚，撑不到最后，自己又哭起来了。

武松一方面又失望又生气，一方面对哥哥的事情也担心起来，这就有了后来的"别兄"。武松看透了潘金莲的人相，知道她不是安分守着哥哥过日子的人，所以格外担心，嘱咐了武大不少话，特别是家中的"小门万万不可开"，这句话说出了他对嫂子的极端失望和戒备。这兄弟俩告别的时候，抱头痛哭，就有生离死别的感觉了。

后头"杀嫂"里面的武松，感觉特别狠，煞气特别重。除了表演的不同，还有化妆上的一点改动，这时候的武松脸上要抹油，印堂、嘴角和鼻窝都要抹点黑，灯光一打上去，一张脸就显得杀气腾腾了。

我对于武松的把握就是这样，我的这个人物大概不那么新潮，但是我觉得这个才是中国人心里的武松，是我父亲那些前辈的老师们所立在舞台上的武松。

在侯少奎去香港演出前，曾经在北京人民剧场演出过《义侠记》，保留了现场录音。后来在京剧音配像的过程中，有人提出来昆曲的音配像还没有呢。所以当时就拿这个版本的《义侠记·打虎游街、戏叔别兄》先做了个实验，配完像之后，李瑞环主席一看，觉得相当满意，这就定下来在"中国京剧音配像精粹"项目中录制更多昆曲音配像。

可以说是《义侠记》开了个好头。后来侯少奎又陆陆续续给他的父亲配了《单刀会》、《夜奔》、《麒麟阁》和《千里送京娘》等。侯永奎的声音，配上侯少奎的表演，很多珍贵资料就可以留给后人学习。

台湾开放大陆演员赴台后，侯少奎多次去台湾讲学或演出。他曾应台湾曾永义和洪惟助两位教授的邀请，去讲《夜奔》，嘉义市女子学校还专门邀请他去上了一些身段课。当时一起去台湾的还有张静娴、计镇华、梁谷音和顾兆琪。

在台湾演出教学期间，侯少奎还录了《麒麟阁》、《挑滑车》和《夜奔》等剧目的教学资料。台湾虽然没有大陆那样的专业昆团，但是他们多年来在保留昆曲资料方面做了很多事情,录文录像这个方面值得大陆学习和重视。

　　有一次我在台湾复兴剧校演出《夜奔》,做示范演出,蒋纬国去了,看完演出后,他上台来跟我握手说:因为他的父亲蒋介石看过我父亲侯永奎的《夜奔》很是赞赏,所以他也特别想看我的这个戏,看了之后觉得果然名不虚传。听了这话,我觉得很高兴,《夜奔》见证了我们海峡两岸同根、同种、同文。这次演出影响不小,应台湾广大戏迷的要求,最后我们又在台湾大剧院加演了一场,我的《夜奔》,张静娴和计镇华的《吃糠》,还有梁谷音的《寻梦》。

　　20世纪90年代,北昆应台湾新象文教基金会董事长樊曼侬的邀请赴台,侯少奎演出了《千里送京娘》和《单刀会》。在台湾,侯少奎还和上海昆剧团合作演出全本《义侠记》,他的武松,梁谷音的潘金莲,刘异龙的西门庆,成志雄的王婆,他们合作得非常愉快,也很有意思。

　　进入到21世纪后,侯少奎有一次随北昆赴台北"新舞台"演出,剧目是《华容道》、《单刀会》和《千里送京娘》。这是昆曲《华容道》首次在台湾演出,情节虽然和京剧相同,但唱腔、身段、表演都不一样,观众特别喜欢看,很过瘾。观众现场感觉非常好,非常安静,全都是全神贯注看戏,侯少奎觉得台湾观众的素质非常高。

　　那次演出期间,"新舞台"同时还办了一个"侯少奎书画展",展出了侯少奎的一些书画作品,因为听说侯少奎的家人也有习书法的,所以又要求侯少奎的女儿也拿出一幅作品参展。小女儿侯晓牧就写了个"龙"字参展,写得还真不错,也得到了好评。

　　就这样,演着演着,一年一年就这么过去了。侯少奎从一个小伙子变成了一个70多岁的老人,虽然学生们总是开玩笑,说侯老师是"帅哥"。

　　侯少奎2004年退休,退休后他自己给自己写了一幅"颐养天年"的字,就挂在客厅的墙上,时时提醒自己,是到了该"休息"的时候了,该好好享受一下晚年的生活了。谁知退休到现在,都好多年了,这幅字就好像是写给家里的猫咪们似的,它们可以在家里呼呼大睡,颐养天年,可侯少奎还是一如既往地忙:教戏、演出、讲学、整理文字……

　　2001年,昆曲入选"世界口头非物质文化遗产名录",国家很重视,实施"国家昆曲艺术保护、抢救和扶持工程",还专门拨款给侯少奎录像。他先后录制了京昆两下锅的《四平山》《铁笼山》——传承自他父亲的尚(和玉)派名剧,而尚派的资料留下来的太少了。

> 我这么大年纪了,再不录恐怕就录不动了,算是给后人留个资料吧。这两出已经录完,还要录《艳阳楼》,相信不久也可以完成。

侯少奎还想继续教戏发挥余热:

> 北方昆曲的武生戏很有特色,我教戏没有什么条件,就一条:要学就要认真学,要学会,学好,传承下去。全国各昆团的演员都可以来学,我没有门户之见,南北昆应该互相学习、互相借鉴,一起进步。如果有南昆的武生想学北昆侯派的戏,我是绝对欢迎的。我不是自夸,我这个老师还是不错的,不但毫无保留地给学生教戏,还可以给他们做炸酱面吃——我做的炸酱面那是一绝,不是吹的。

> 除了教戏,录戏,我还想到社会上去讲学,昆曲应该要培养青年观众。而大学生就是最好的观众,他们有文化底子,有鉴赏力,只要他们对昆曲有兴趣,我就愿意讲。所以一有机会,我就到大学去讲课,北大、清华都讲过,那里有许多对昆曲感兴趣的年轻人,我要去讲,要把年轻人吸引过来,要告诉他们昆曲是很美的,告诉他们要静下心来欣赏昆曲,慢慢培养对祖国传统文化的喜爱。

> 退休后我发现自己有越来越多的事情要忙,忙得很充实,心情愉快。有新的一片天地,有用武之地,这大概就是另外一种方式的"颐养天年"吧。

第三章　家庭篇

　　侯少奎是世家出身,而他自己的家庭也是个昆曲家庭,爱人王燕菊曾是北昆的旦角演员,师从韩世昌。大女儿侯爽晖也曾是北昆的旦角演员,父子档,夫妻档,父女档,母女档,在侯少奎的这个家庭占全了……

一、一巴掌"打"出来的"爱情"

　　在侯少奎的家中,有一个人非常重要。她虽不姓侯,但对于侯家,对于侯少奎而言,太重要了。她也是昆曲演员,她就是侯少奎的爱人——王燕菊。

　　王燕菊属蛇,1941年出生于北京。为人腼腆,个性内向,话不多。1958年她在北昆学员班学戏的时候,绰号叫"老蔫儿"。

　　王燕菊非常喜欢戏曲,小时候常常和朋友去照相馆照戏装照。她初中毕业后,看到北昆在招生,就抱着试一试的态度来报考。因为人长得漂亮,有嗓子,又有灵气,她一试就考上了,于是就进入北昆学员班学戏。当时北昆还在西单剧场,条件非常简陋。老师们的衣食住行都保持着农民本色,非常朴实,比如侯炳武老师,还习惯抽烟袋锅子。当时已经是大师级的韩世昌老师,常穿一件对襟棉袄,棉裤还扎着腿带子。只有马祥麟老师稍微好一点,穿的是中山装。

　　进剧院后,王燕菊和林萍、乔燕和、李倩影参加了韩派艺术继承小组,学习韩世昌的擅演剧目,她是韩老师最喜欢的学生之一。韩世昌认为王燕菊不但扮相漂亮,嗓音甜润,学习勤勉,还文静大方,秀外慧中,天生就有闺门旦的气质,所以非常欣赏她,将自己的五旦戏倾囊相授。而王燕菊也相当用功,她演《游园惊梦》的杜丽娘,是韩老师最满意的,常夸她能够演进人物里头。继承《琴挑》的时候,韩老师觉得她有陈妙常的感觉,也总是在下课后把王燕菊留下来,单独给她加工,她进步很快。

王燕菊与老师韩世昌合影

王燕菊还向傅雪漪老师学习唱念的功夫,同时还常常向王西徵、吴晓铃等侯少奎父亲的朋友们请教曲词涵义等,下过很大的功夫。

王燕菊的首次登台是在西单剧场,她和许凤山演《游园惊梦》。当时剧院的同事都说,这个姑娘扮起来真漂亮,演得也很不错。也许是她第一次上台,感觉上稍有拘谨,有点放不开,但确实是个相当有前途的闺门旦。

侯少奎和王燕菊的“第一次亲密接触”,要从“一个巴掌”说起。

北方的冬天取暖要用煤,有一次侯少奎他们帮剧院运取暖用煤。大卡车运到院外面,他们几个小伙子用小车推进院来。那次侯少奎干得可欢实,把上衣都脱了,正光着膀子推着车呢,后面突然有人“啪”的一巴掌拍到侯少奎后背上,黑煤末子全沾上了,弄得他背后一个大黑手印。

侯少奎大叫一声:“谁呀?这么淘!”回头一看,是王燕菊,说跟他逗呢。侯少奎就说:“你这‘老蔫儿’,尽使坏,弄得我还得洗澡去。”王燕菊听了,也不答话,笑得跟什么似的。

后来侯少奎回去就想:“王燕菊是不是喜欢我啊,要不然她怎么不打别人,光打我呢?”这么一想,坏了,睡不着了。侯少奎对王燕菊也挺有好感的,她这一巴掌,爱情的火花就迸发出来了。

王燕菊

谈恋爱的事是侯少奎主动提出来的。

之前侯少奎想了很久,不知王燕菊会不会同意,一点把握都没有,心里非常没有底。人家是独生女,家里条件不错。而侯少奎家里头是8个孩子,条件摆在那儿,跟他谈对象是要吃苦的。大冬天,侯少奎就一个蓝棉布大衣,一顶羊毛绒带沿儿的帽子,土得不行,为了洋气点,侯少奎自己把羊毛绒给撕下去了,脚上是五眼棉鞋。人家穿得好的,一看就像角儿,他一看就像底包。就这打扮,《夜奔》唱得再好,私下里也不吸引人啊。

侯少奎那时候心情很矛盾,天天就在想:王燕菊到底会不会答应呢?侯少奎真是非常喜欢她,所以思前想后。可老是悬而不决也受不了,最后侯少奎下了决心,先提出来,她要回绝,就算了,也不用心烦了。侯少奎决定给王燕菊写封"情书"。信写好了,可不敢直接去给,担心万一人家不要,就太尴尬了。怎么办,得找个合适的"媒人"呀。于是侯少奎想到了洪雪飞,就请洪雪飞把"情书"转给王燕菊。

那时在学员班,洪雪飞和王燕菊是最要好的朋友。因为洪雪飞家不在北京,就经常在王燕菊家住。王燕菊的母亲人很好,老太太给她们做吃的,给两人零花钱,还为她们俩买了电唱机,让她们学唱。侯少奎和洪雪飞一说,她满口答应,说这事包在她身上了,还说她把信给燕菊,再在旁边敲敲边鼓,没准这事儿就能成。

侯少奎的情书写得非常简单,内容他至今还记得很清楚。信是这样写的:

王燕菊,我很喜欢你,希望和你交朋友。如果你同意的话,请在明天晚上8点在天安门广场前西华表下见面。如果我到地方见不着你,就证明你不同意。如果到那儿见到你了,咱们再面谈。

侯少奎头天晚上把信给了洪雪飞,看着她拿进屋去了。回去躺在床上细想,真挺喜欢王燕菊的,要是人家不愿意,他可也真受刺激。一晚上就这么想着,翻来覆去睡不着,失眠了。

第二天,侯少奎也没什么好打扮的,还是穿上自己那身常穿的衣服,提前到天安门广场西华表下等她。约的是 8 点见面,侯少奎 7 点左右就到广场了,那时天还比较冷,黑得挺早的,广场上人不多。侯少奎等到 8 点还不见心上人,心里就开始胡思乱想了:是她不同意,还是她看错了日子和地点? 边琢磨边往天安门广场溜达,心想:万一她是在广场某个角落等他呢? 侯少奎就在天安门广场转悠。

运气还不错,侯少奎在从纪念碑往回走的时候,看远处有个人像是她。王燕菊当时也正在找侯少奎,因为在华表下没找到他。侯少奎心中狂喜。

那时谈恋爱挺客气,还握握手,寒暄了一番,然后说剧院,聊剧院的情况以及对剧院的看法,对自己事业上的想法等,没涉及其他更多的,但聊得非常投机。王燕菊带了自己的一张照片,是张便装照,说:"今天咱俩见面,送你一张相片。"这就是说明她同意了,侯少奎那个高兴啊! 这张"定情照"侯少奎保存至今。

侯少奎拿着相片回家,左看右看,舍不得放下。躺进被窝里还拿着相片看,一点想睡的意思也没有。侯少奎和他母亲向来是无话不说的,他就对母亲说有个同学王燕菊,人挺漂亮,性格挺好,他们彼此有好感,想谈朋友。他母亲说:"行啊,你自己掂量着看吧,我相信你的眼光。"那张相片侯少奎怕丢了,就交给他母亲。他母亲也怕丢,就给锁起来了。

这一年是 1958 年。侯少奎 19 岁,王燕菊 17 岁。那是侯少奎第一次谈恋爱,初恋的那种感觉,真是美得没法形容。

他们头一次见面时就说好了,不经常见面,因为都在学习当中,接触太多,把心都放这上面,会影响学习和进步,就定了半个月单独约会一次,平时他们一起练功演出都能见到,这样大家也不会知道他们在搞对象。半个月单独见一次,都是侯少奎约她。有时晚上约在动物园见,因为那里晚上比较僻静,他们俩都是坐 15 路车去,在门口见面,不进去。之后边聊边走,从动物园走回宣内,一点儿也不觉得远。走到西单的时候,他们俩就分开,为了保密,怕被人发现,一前一后往剧院溜达。这样秘密地谈着恋爱,持续了一年。后来大家都知道了,他们的事就由"地下"转到地上了。

二、恋爱进行曲

那时剧院到上海、杭州、苏州、无锡等地演出,侯少奎和王燕菊都是一块去。晚上演出,白天没事,所以每到一个新地方就一同出游,感情日增。

在上海的时候,两人第一次一起照了合影,侯少奎还陪她到淮海路做衣服。上海的裁剪式样最时髦,她做了几件短袖衣服;因为没有钱,侯少奎自己没有做。王燕菊是独生女,妈妈经常贴补她。每天晚上散戏后,侯少奎很累,他们就到淮海饭店吃夜宵,都是王燕菊请,她看着侯少奎吃,自己却不吃。她说侯少奎台上累,需要营养,自己顶多演《闹学》里的小姐,不是主演,不累。侯少奎让王燕菊不累也吃点呀,在外边都是王燕菊照顾侯少奎。

他们之间也有过小矛盾,年纪轻,有时也免不了吵架斗嘴什么的。有一次,上海演出完后到杭州,他们俩一起参观灵隐寺和岳王庙。在岳庙他们吵了一架,起因其实挺可笑。当地的橘子很好,王燕菊买了几个,却没给侯少奎吃,侯少奎就生气了。王燕菊见他生气了就给他一个,侯少奎立马儿给扔了,说不吃。就这么吵了起来,还闹得挺严重。后来他们俩还聊起这事,觉得那时真挺逗的,为了个小橘子也能打起来。

王燕菊的眼睛大大的,眼睫毛又长,可漂亮了。有时候两人闹别扭,她就忍不住哭。哭完了,就跟侯少奎说:"都赖你,害得我哭,把眼睫毛都揉掉了……"说着就乐了。

他们从杭州坐船走苏杭大运河到苏州。才上船,天就快黑了,他们俩愣是没睡觉,在甲板上站了一宿,说悄悄话。一宿不睡觉,都不觉得累。这段事情刘国庆知道,现在还老拿这事儿逗侯少奎,说他们俩偷偷地迎着风站在船边上,一站一宿,说不完的话。

一起吃饭的时候,王燕菊自己舍不得吃,总是让给侯少奎吃。侯少奎说那样他不舒服,要两人一起吃。她说:"不用,你多吃点,吃好点,我想让你身体好点。"在武汉他们俩一起游长江大桥,一边是武昌,一边是汉口,一起到蛇山、龟山去玩。游东湖的时候,正好是重阳节,侯少奎一高兴,还"诗兴"大发,作了一首打油诗:"重阳游东湖,欣赏梅花坞。伉俪并肩行,少奎乐乎乎。"

侯少奎说,现在一看,真是个歪诗,装模作样地押了韵,什么平仄格律的全不讲。不过当时是心里太高兴了,就这么作出"诗"来了,真是可乐。后来侯少奎还给女儿们念,说这是当年爸跟你们妈妈谈恋爱时的诗,她俩听得嘎嘎直乐。

在那个年代,两人谈恋爱,只要还没有结婚,就会有所谓的"影响"。可能因为侯少奎是侯永奎的儿子,大家的眼睛都盯着他。到后来,连他父亲也说要"注意影响"。他们俩当时为这个受了不少委屈,没少挨批评。

王燕菊人好,在学员班里头威信挺高。和侯少奎谈恋爱的时候,有好多同学劝王燕菊少跟侯少奎接触,影响不好,完全是站在她的立场上为她考虑。可王燕菊说:"我们俩那么好,干嘛少接触啊!一天不见也不成,一会儿不见也不成,总想在一起,想永远不分开。"

有一次到上海演《奇袭白虎团》,团里就是不让王燕菊去,不为别的,就因为她和侯少奎谈恋爱,怕她去了影响他。一宣布名单没她,侯少奎就把她约出来了,在东安市场找了个饭馆吃饭。吃着吃着,侯少奎就哭起来了,因为侯少奎觉得她为自己受委屈了。反而是王燕菊劝他,说别哭了,不让去就不去吧,没事儿的。

那时候侯少奎如果跟某个女同学说话多了,王燕菊也生气。王燕菊有时跟男同学说话多了,侯少奎也生气。不过生气归生气,也还都是半真半假的,侯少奎和王燕菊的爱情非常忠贞,彼此间十分信任。

比如《千里送京娘》,常常是侯少奎和洪雪飞演,所以经常在一块儿对戏。虽然戏里没有什么太亲密的身段,但是两人在台上得演出那种感觉来,侯少奎就觉得别扭,对戏的时候就不自然。王燕菊知道了,叫侯少奎专心演戏,一切从人物出发,该怎么演就怎么演,不要有顾虑。得到了王燕菊的理解和支持,侯少奎才能卸下心理包袱,全身心投入到戏里去。王燕菊和洪雪飞的关系非常好。后来,王燕菊离开北昆到北京铁路分局前门俱乐部工作,洪雪飞那时演《沙家浜》中的阿庆嫂,她经常去看王燕菊,王燕菊就借书给她看,两人还是跟小时候一样亲。

三、结 婚

"文革"中北昆解散,王燕菊被调到了北京市文工团,侯少奎到了北京京剧团,那时他们还没有结婚。王燕菊到北京市文工团之后,因为她长得好看,人又好,就有很多人追求她,但是王燕菊和男同志接触总是很有分寸。侯少奎有个朋友很感慨地说:"侯哥,我们大嫂很对得起您啊。"

他们就这么谈着恋爱,谈了将近十年才结婚。

这么好的感情,按说早该结婚了,可是因为房子没有着落,迟迟结不了婚。王燕菊一个女孩子,等了十年,不管怎么样,也该结婚了。

王燕菊考虑侯少奎家有兄弟五个,家里房子又不多,侯少奎作为老大,不该给

家里施加压力。而王燕菊是独生女,家里有房子。她父亲当时在天津,在解放军254医院任护理部主任,不在北京。她和母亲商量过以后,就问侯少奎是不是愿意"倒插门",叫侯少奎回去问问他父亲的意思。侯少奎说咱们这么多年都过来了,感情这么好,结婚去谁家都没什么问题。

侯少奎与王燕菊的结婚照

侯少奎家里也同意,说:"过去就过去吧,常回来看看。人家燕菊是独生女,要是让她到咱家来,就剩她妈妈一人过日子也不合适。加上咱家里又没房,不然也不用拖到现在。"双方家长都同意,这事儿就这么解决了。王燕菊家里给他们腾了一间房,老太太住一间,他们住一间。

1967年6月20日,侯少奎和王燕菊正式登记结婚。

因为是"文革"期间,他们的婚事办得非常简单。侯少奎现在想起来心里还难受,觉得很对不起燕菊,连件新衣服都没给她做,就是把旧衣服洗了洗,用熨铁烙了烙,侯少奎也是一身旧的绿衣裳,洗洗干净穿上。

当时侯少奎在北京京剧团工作,京剧团很多人都来参加他们的婚礼。谭富英送了个茶缸子做礼物,其他人都送的毛主席像、《毛主席语录》、《毛主席选集》等等,也有送笔记本的。婚礼结束后他们一收拾,书啊本子的摞了一大摞,毛主席像摆了一桌子,真够壮观的。只有两家亲戚送脸盆、暖壶什么的,很实用,过日子还可以派上用场。

北昆解散以后,王燕菊调到北京文工团。文工团分成两个队:一个是农村队,经常到农村去演出;一个是工矿队,经常到工厂去演出。她分在工矿队,经常到长辛店一带的厂子去演出,表演舞蹈、联唱,有时还演快板。后来北京市文工团解散了,王燕菊被调到铁路局北京丰台材料配件厂学焊工。

因为王燕菊是演员出身,不久,就从丰台材料配件厂调到了北京铁路分局文艺宣传队,演《红灯记》中的铁梅,刘征祥演李奶奶,有一个工人师傅的嗓子不错,就演李玉和，他们演了很多场。王燕菊让侯少奎去看过，演得挺不错的。侯少奎说她在北昆没怎么唱戏，在这儿足唱，还是主演。她说是玩票，业余的，叫侯少奎别笑话她。其实她唱得很出色，演得也不错。当时大家都说王燕菊扮相漂亮，很像刘长瑜。侯少奎后来见到刘长瑜的时候还跟她逗，说自己的老伴演《红灯记》时挺像她。

王燕菊演了不少场《红灯记》，很受欢迎，也因为她人缘好，他们领导就说："这么着吧，王师傅，你别回丰台材料配件厂了，电气焊不是你一个弱女孩子能长期从事的工作，你该找一个适合的工作。你去前门俱乐部吧，也是北京铁路分局的，去看看你适合干什么就干什么。"于是王燕菊就去了前门俱乐部，后来就在那里专门管理图书和音像制品。

王燕菊在单位的人缘好极了，侯少奎去接她的时候只要跟门口说是王燕菊的丈夫，人家就非常热情地把他让进去，连登记也不用。他们说："你是王燕菊的先生，你还登的什么记呀。"

北昆1979年恢复时，许多"文革"中离开北昆的人都陆续回来了，陆放找到侯少奎，说也要把王燕菊调回北昆。侯少奎回去一说，王燕菊说谢谢剧院，但是自己坚决不回去了，说剧院太复杂，不适合像她这么单纯的人待，她还是愿意留在铁路上。

王燕菊有嗓子有扮相，但是在北昆一直都没有机会，不像洪雪飞、顾凤莉她们排过大戏，她连上台的机会都不多，有时院里甚至安排她打幻灯，侯少奎都替她觉得委屈，心里很难过。可是她总安慰侯少奎说昆曲的词比较深奥难懂，观众光听根本不懂演员在唱什么，所以打幻灯也是很关键的工作。而且这个工作也可以实现她一点点小小的私心：演出时有侯少奎的戏比如《倒旗》《夜奔》之类，打到"扮演者：侯少奎"时，她就把幻灯片子多停一会儿，让大家多看看，说这样可以让更多人知道侯少奎的名字，她就觉得很幸福。

听了她这么单纯的想法，侯

侯少奎和王燕菊在干校时的合影

少奎更加觉得王燕菊可爱了。

王燕菊的个头、扮相、嗓音和表演都不错,可不知道为什么,就是比其他同学演出的机会少,她要演一出戏非常不容易。有一次北昆在长安贴戏,开场是她的《思凡》,大轴是侯少奎父亲的《铁笼山》,已经见报了。侯少奎的父亲喜欢摆弄鱼,演出前换水时挪鱼缸把腰给抻了,说这回坏了,这怎么演《铁笼山》呀。侯少奎的父亲腰抻了是可以回戏的,组织上也不会有什么意见。可是后来他父亲看报发现了,这次演出还有王燕菊的《思凡》,就说这孩子演一回戏可不容易,人家孩子难得实践一次,不能因为我又吹了,为了王燕菊咬着牙也得演这出《铁笼山》。王燕菊后来提起这事也很感动,说父亲腰抻了还坚持演《铁笼山》都是为了她。

从大了讲,他父亲是考虑学生的实践机会,是在提携后辈;从小了讲,侯少奎在院里受那么些委屈,他父亲从来也不说一句话,但是王燕菊基本没有上台机会这件事情,他父亲意识到了,这才为了她带伤演出。这也是因为王燕菊的善良和单纯,所以侯少奎的父亲也特别爱护她,愿意帮助她。

就这样,王燕菊离开北昆之后就再没回去过,有侯少奎演的戏她才去看。有一次侯少奎在物资礼堂演《单刀会》,那地方挺远的,她还是带着两个孩子坐公车赶去。她看戏很仔细,回家就跟侯少奎提哪儿还不够好,哪个字念倒了,哪里的表情有点过,台底下的反应怎么样等等。每次看完戏以后,侯少奎都要问她的观感,然后俩人在一起讨论研究。王燕菊是侯少奎的"第一观众",她懂戏,又懂侯少奎,她的意见对侯少奎帮助很大。

王燕菊人特别好,没一点儿坏心眼,总是以诚待人,还常常周济别人。粮食最紧张的那会儿,王燕菊的妈妈自己舍不得吃,省下粮票来补贴她,而她则把这些粮票拿去补助张毓文。每次说起这些,张毓文眼睛就红。

王燕菊也常常借钱给有困难的人,有没还的,她也不说什么,总觉得人家许是有什么难处。

四、善良的燕菊

侯少奎是家里的长子,打小就给家里帮忙,做饭做菜,照顾弟妹什么的。王燕菊从跟侯少奎谈恋爱起,就跟着吃了不少的苦,但她从来没有半句怨言,帮着操持这个家,真正有做长嫂的样子。有两件事儿,侯少奎是永远忘不了的。

侯少奎的小妹侯世芳，十五六岁的时候，突然被查出来有卵巢肿瘤，医生让她立刻住院手术，说耽搁了就有生命危险。可当时侯少奎家里没钱，他父亲说只有等下午上班，再想法子和剧院借一下。侯少奎怕小妹的病等不及，正着急时，王燕菊给了他一个存折，叫他先拿这个钱垫给医院，还陪着在医院守了一宿。侯少奎的妹妹经历了十几个小时的手术，脱离了危险，全家才松了一口气。当时两人还没有结婚，王燕菊知道侯少奎没钱，事后也没跟他提过还钱。钱是她母亲给的零花钱，攒下来存的。她没有计较那些钱，看重的是侯少奎妹妹的生命，侯少奎心里特别感激她。

还有一件事侯少奎也很感激她。还是他的这个小妹，结婚后家里出了点事儿，住房成了问题。王燕菊知道了，就尽心尽力帮他们。王燕菊的父母在通县有军队干休所分配的房，四居一厅，不过当时她父母都已经不在了，房子就留给了王燕菊。王燕菊把侯少奎的妹妹接来，让他们一家住进通县的房子，愿意住多久就住多久。四居一厅如果租出去也是一笔钱，但王燕菊没有往私心上想，也没有分你的我的，想想谁还能这么做呢？

王燕菊非常善良，爱惜一切生命，她自己不杀生，不吃肉，还常常救助小动物。

北京喜欢养猫养狗的人特别多，但是养了以后因为各种各样的原因遗弃宠物的人也不少，很多猫狗就此流浪街头。王燕菊和侯少奎结婚以后，常常去他们家附近喂那些流浪猫狗。

每天早上，侯少奎去市场买些鸡肝和馒头，下班回家，夫妻俩把这些做成猫粮。晚上，就提着两大袋子猫粮——袋子挺沉的，去他们家虎坊路附近流浪猫聚集的地方去喂食，最远到友谊医院，总共有好几十只流浪猫。这一趟得走不少路，回来的时候都有点累了，不过他们有说有笑，感觉做了自己该做的事，挺有意义，心情特别好。有时候侯少奎晚上有演出，就是王燕菊自己一个人去，提着那么沉的两个大袋子，令人敬佩。

侯少奎夫妇坚持喂流浪猫十几年，一年365天，从来不间断，连"非典"时期都没有停过。那时大街上没有什么人了，他们还是按往常一样去喂猫，进友谊医院的时候都要量体温。

有一次，他们在友谊医院喂猫的时候，听到地下室有很凄惨的猫叫声。于是他们就趴到地上，也不顾脏，看到有一只猫掉到了地下室，上不来。当时天已经黑了，又有铁栏杆拦着，他们也不能下去救它，而且医院都已经下班了，没有办法，只好先回去。第二天一早,王燕菊打电话给爱猫协会,协会就来救那只猫咪。当时北京电视台也来了,还拍了一条新闻,呼吁大家爱护流浪动物。

侯少奎现在虽然搬了新家,可还保持每天在家附近摆水和猫粮喂流浪猫的习惯。

王燕菊只要看到有弃猫弃狗,受伤的,生病的,她一定会去救助,有些就养在家里,前后共有20多只。侯少奎的女儿们也像她一样,对小动物特别好。母女三人常常往家捡小狗小猫,给它们治好了伤,再找合适的收养人,有些也留着自己养,还取了可爱的名字:大狸子、小猴子等。时间长了,这些流浪猫流浪狗就成了侯少奎和王燕菊的"儿子"和"闺女"了。

王燕菊去世以后,每天为小动物准备水和猫粮狗粮、定期做清洁工作等等,都成了侯少奎一个人的必修课。狗和猫不一样,还得要每天早晚两次出去遛。小家伙一出门就兴奋,小区的保安每天两次都能看到侯少奎以一种与众不同的方式跑圆场。有时候教课或者演出下来,已经很累了,或者遇上天气不好,又是风又是土的,侯少奎也不偷懒。

五、"燕菊,咱们来世还唱昆曲"

王燕菊这么好的一个人,他们夫妻感情又极好,侯少奎总觉得他们肯定会白头到老,怎么也没有想到,王燕菊会比他先走。

2004年初,王燕菊开始觉得不舒服,胃口不好——有时侯少奎做了她爱吃的炸酱面,她也吃不香——又常常出虚汗,但查不出原因。

当时他们正准备签证去美国看在那里念书的两个女儿,王燕菊怕两人一起去有移民倾向,会被拒签,叫侯少奎先去,回来了给她讲讲。"咱俩不就是一个人嘛,你去和我去一样。"签证下来了,侯少奎打算去一个半月陪女儿。

出发前一阵,侯少奎带王燕菊到友谊保健中心去检查身体。大夫看完彩超,当时就跟侯少奎说,是肝癌,晚期,三分之二占位。肝癌晚期!天哪!侯少奎一下感到如五雷轰顶,当时腿就软了。但是想到王燕菊这会儿就靠他了,不管怎么样得坚持住。

之前,他们还聊天约定,说岁数不小了,都六十多了,保不齐会得个什么病,到时候千万要告诉对方,别瞒着,死也要死个明白,现在事儿真就摆在眼前了。大夫问侯少奎要不要跟病人说实话，他就把这个约定对大夫说了。大夫考虑了之后，决定对王燕菊说实话。侯少奎永远忘不了王燕菊当时的表情：

> 大夫宣布病情的时候，她没看着大夫。听到"肝癌"两字的时候，她眼睛里光一闪，然后就没了。然后，她很镇静地对我说："哦，我得这个病啦。"大夫要她配合治疗，不要害怕，她说她不害怕。但说这话的时候不是那么自然，知道自个儿得了这样的病谁还能不受刺激呢！

大夫说癌细胞的原发地还不是肝，是转移的，还得做胃镜。问她行不行，她说行。做胃镜的时候，难受极了。她忍着，侯少奎哭了。验完后一看是原发性贲门癌转到了肝上。就这样确诊了。

侯少奎总觉得，王燕菊是顶胆小的一个人，经不住事儿。

当年侯少奎排《血溅美人图》，因为劳累过度，尿血，住进友谊医院。检查完了，大夫就怀疑他得了肾癌，吓得王燕菊三魂七魄都飞了，担心得老哭，还跟女儿说："你们快没爸爸了……"把两个女儿也吓哭了。这事儿两个女儿到现在还记得。

可这事儿轮到她身上了，她倒是显得挺坚强，反而劝侯少奎。在回家的路上，她说："终究咱俩得有这么一天，先走一个，你也别太难过了。"侯少奎嘴上答应着，可是心里实在难过，回去后连饭也吃不下。王燕菊又劝他说："别难受了，身体要紧，你要是哭坏了，我可怎么办呢，谁伺候我呀。"她说得没错，可是侯少奎知道这个病的凶险，还是忍不住，60 多岁的人，每天都偷偷地哭。

确诊之后，要讨论治疗方案，当时大夫说要把肝摘了，贲门切了，胃也要怎么怎么一下。侯少奎听着都害怕，王燕菊的身体很虚弱，根本承受不住这样的大手术，这不是要她的命嘛！于是，全家人跟医院的专家一起开了个会，最后达成一致，保守治疗。

那时王燕菊的精神状态还行，侯少奎的学生们也经常三群两伙地去看她。她总是嘱咐学生们劝老师不要太着急，说她得这个病对老师打击非常大，叫他们多多照顾老师，好让她宽心。都这会儿了，她心里装的还都是侯少奎。

到她临终的前一个月，院方觉得实在没有办法治了，建议她回家住，最后和家人团聚。侯少奎就把燕菊接回了家，在家打点滴吃药。

就这样过了半个月，侯少奎突然发现王燕菊的腿上长了一个褥疮，非常疼，可用什么办法都治不好，把侯少奎急坏了。有人告诉他一个偏方，说是用鸡蛋壳里面的那层白皮贴疮面能治好。侯少奎就试着帮她敷，隔一会儿换一次。

那时，王燕菊已经不能料理自个儿了，不会翻身。为了让她不再长褥疮，侯少奎每隔一会儿就帮她翻身。她难受也不说，强忍着。她起不来，侯少奎就用按摩器给她按摩全身。按摩器的最高档刺激性相当大，侯少奎开始用最小档慢慢给她按摩，她觉得不行，要用最高档的劲儿她才觉得舒服。侯少奎明白她的身体状况已经很糟，就暗暗掉泪。

大夫告诉侯少奎，肝癌是非常疼的。侯少奎准备了初期、中期、晚期的止疼药，放在家里。王燕菊一直都忍着疼，不跟他说，这些药也就没动。在最后七八天的时候，她开始有点哼哼了。侯少奎就给她掰半片止痛片，弄化了以后喂她喝下去，好像就不怎么疼了。侯少奎只敢给她半片，怕一开始就给她一片，以后再用药就不管事了。后来又隔两天，她跟他说疼，侯少奎就又化了半片给她喝下去。肝癌啊，不可能不疼，可是从得病一直到最后，王燕菊也就吃了两三片初期的止痛片！

最后，她的手瘦得只剩下皮包骨了，一点劲儿都没有，连并起手指来交叉着都不行了。癌症折磨人啊，侯少奎看着王燕菊一天天憔悴下去，心里难受极了。

忍不住的时候我就搂着她哭。她已经说不出话来了，就冲我摇头，意思叫我别哭，我怕她难受，就把妹妹还有俩闺女叫来伺候她，自己躲到外面去哭。

燕菊去世的头天晚上，我和女儿值班，轮流伺候她。以前不管我怎么搀她，她都起不来，那天也不知道哪儿来的劲头，她忽然从床上"腾"地就坐起来了，我和女儿赶紧架住她。后来她又没劲了，就躺下了，闭着眼。我还不知道，那就是回光返照了。

第二天早上起来，侯少奎问她："燕菊，你怎么样啊？"她不理他，什么反应也没有，侯少奎慌了，和女儿说："你妈不行了，赶快给医院打电话。"救护车来了，侯少奎叫她"燕菊"，她"嗯"了一声，侯少奎又说："咱回医院吧，这病在家不成。"她又"嗯"了一声。这一声"嗯"，是王燕菊留给侯少奎的最后一个字。

把她送到医院，没有5分钟，人就没了，就这么快！

家里的天塌了一半呀！

我的燕菊，我最心爱的燕菊，在她63岁头上，撇下我和两个女儿默默地走了。

北昆恢复的时候，王燕菊没有回到剧院，没有继续从事昆曲艺术，她说自己要照顾家："家里有一个人搞昆曲就够了。"但是她的心里一刻也没有丢开昆曲，始终记挂着。

王燕菊一直是个很低调的人，跟侯少奎一起这么久，从来也不喜欢露面。他演出，她在台下看，完了回家跟他讨论戏。侯少奎出访，她从来也不跟着，所以他们俩的合影少得可怜。至于在媒体面前说话，她就更不愿意了，唯一做的就是在背后默默地支持侯少奎——他的事业，他的昆曲。

侯少奎是个比较粗心的人，不擅长整理东西，像保留文字照片资料这样的事情，只有王燕菊可以帮他。她把能收集到的一切关于京剧、昆曲，关于侯家艺术的资料整理保留下来，装了几个大箱子，说以后会用得着。

王燕菊常常跟他说："少奎，我觉得你应该在昆曲的传承上多做点事，演戏啊，教戏啊，还有文字的整理你也应该做了，比如咱爸的表演艺术，你自己的一些演戏的心得，还有上一辈的京剧、昆曲老师们的那些经典的东西，你应该要写一本书。如果你不演不教不写，这些好东西就没了，以后也没人知道，这是很可惜的。我把那些资料整理好了都留着呢，以后总有用得着的时候，好的东西千万不能失传，我们应该要做这个事了。"

这也是侯少奎所想的。他们曾经聊过这个话题，聊将来要怎样整理资料，怎样出书，怎样讲学。侯少奎觉得应该要好好说说尚派艺术，尚和玉的表演讲究"稳、准、狠"，是保留俞（菊笙）派艺术特色比较多的，他有很多非常有特色的好戏，像《四平山》《艳阳楼》等。现在看京剧的人很多只知杨派而不知尚派，是很可惜的事，只要以后有机会，就要把尚派的艺术展示出来。

当时，只是纸上谈兵，因为剧院根本没有给侯少奎出书的机会，个人也没有经济条件去出书。王燕菊没有灰心，她还是一遍一遍地整理资料，各种各样的书啊报纸啊照片啊……一天天多起来，堆得越来越高。

2002年，中央电视台《戏曲人生》给侯少奎录节目，侯少奎说那天她也得去，她居然答应了。录像之前还千方百计地给侯少奎找资料，跟他讨论应该准备哪些话题，该怎么说。她觉得侯少奎这一辈子太不容易，现在有这个机会，通过《戏曲人生》讲一些昆曲还有侯少奎的事,她要帮他,要让更多的观众,让更多的人来了解昆曲,了解侯少奎。

节目录制时,姜昆问王燕菊:"阿姨,你对侯老师是什么印象?"她说:"我对他的印象就是,他就是一个傻乎乎的人。"她没有说第二句。

姜昆乐了,观众乐了。

侯少奎说:"她概括得挺好,我就是这三个字,'傻乎乎'。"

《戏曲人生》录完了,她对侯少奎的学生说:"今天我特别高兴,我和老师请你们吃饭!"就把学生们都带着,上晋阳饭庄吃了一顿饭。

那天王燕菊情绪特别高,晚上回到家,夫妻俩聊到快 12 点了。侯少奎想睡了,可她还不困,说要再看会儿电视,其实是激动得睡不着。她知道侯少奎吃的苦,觉得他这些年非常不容易,多么艰苦才走到今天,真是太高兴了。其实这些年,她伴着他,又何尝不是在吃苦呢?他们彼此相爱,彼此扶持,风风雨雨,走到了今天。

> 燕菊去世后,我整理相片,又看到那张"定情照"。那时候她那么年轻,她多美啊,我看着看着,想起过去的那些事,眼泪就禁不住流下来。我们结婚后,因为经济不宽裕,两人的照片很少。我能够找到的全家福照片上,我的燕菊已经被岁月磨成了一个老太太了。不过在我眼里,她永远是那么好看,她是世界上最好看的老太太。跟她牵手走过的这 40 多年,是我最幸福的日子。

王燕菊刚过世那一阵,侯少奎看到家里什么东西都会想到她,想起以前的事,他就忍不住伤心。女儿想让父亲换个环境,就带侯少奎到美国去散心。

> 可是在那里,一个人,对着大海的时候,还是想她,我一直哭了有半年多,哭得眼睛也不太好了。
>
> 现在时间长了,不再像以前那样一看见她的照片就难过得吃不下饭,有时候想哭也能忍住点。但是还是想她,做梦也还常能看见她,看到她像活着的时候一样,我就很高兴。

侯少奎总觉得,王燕菊虽然走的时候被癌症折磨得脱了形,但她的精神没有垮。

燕菊非常不容易，她其实是一个非常爱哭的人，人家一说她就哭，受一点儿委屈就哭，和我闹别扭也哭。可她这回生病，她没掉过一滴眼泪。

眼泪都让侯少奎给哭完了。

王燕菊一直是个话不多的人，在家里说话比较多的是侯少奎和小女儿。说来难以置信，生病之前的那段时间，王燕菊的话一下子多起来，常常滔滔不绝地跟侯少奎说，回忆他们俩年轻时的幸福时光，还有她从来不提的那些委屈，就跟背"老三篇"似的天天说。

病了以后，她又没话了，跟年轻时的性格一样。

回想起她生病的时候，有时她身体情况比较好，我们俩坐在一块儿，我就搂着她问她："燕菊你害怕吗？"她说她不怕。

任何人都是终究要走的，但是她这么早走了，很多事帮不了我，她有点不甘心。而且留下我一个人，她也不放心。她当时这样说，我总是觉得心酸。

她什么也没有交待就走了，关于她去世之后，侯少奎该怎么样，孩子该怎么办等，没有留下一句话。她知道自己的病，她应该留下些什么话呀。但她什么也没说，就这么走了，侯少奎总觉得心里不踏实……

后来，侯少奎在整理东西的时候，发现了一本王燕菊的日记，是她知道自己得病以后写的，是她知道自己可能将永远离开侯少奎后写的。侯少奎翻开日记，王燕菊那熟悉的字迹令他好一阵难过：

少奎，我可能得了不治之症，我觉得自己坚持不了多久了。人是都要离开这个世界的，我也会有走的那一天，这没什么。但是我最不放心的，不是两个女儿，而是你。你这个人不太会照顾自己，我有很多事，要嘱咐嘱咐你，这样我才好放心地走。万一我不在了，你要好好注意自己的身体。你血压高，一定要按时吃药；要记得把硝酸甘油放在枕头底下，犯心绞痛的时候马上含一片……睡觉的时候要记得把门关好……最好在门边准备一把斧子，万一地震的时候开不了门，你可以把门劈开了逃生……

日记的最后,是一行侯少奎熟悉的娟秀的签名:"爱你的,燕菊。"

　　她把我想不到的,都想到了,一条一条,细细地写了下来,甚至连地震这样的事,她都为我考虑到了。也许有人会觉得这老太太未免太"杞人忧天",但是我看到的,是她细细密密对我的爱。

　　这篇日记,侯少奎始终没有办法平静地读完,每次看,每次读,都是泣不成声,都是眼泪模糊了双眼。王燕菊病了之后没说的那些话,都已经写在这里了。侯少奎手捧着这本日记,仿佛捧着她的一颗炽热的心。

　　我的亲爱的燕菊,在生命的最后时刻,最惦记的,还是我这个"傻乎乎"的侯少奎。
　　燕菊,你永远在我身边,你从未走远!

正像一首歌中唱的那样:

　　想你时你在身边,
　　想你时你在眼前,
　　想你时你在脑海,
　　想你时你在心田,
　　宁愿相信我们前世有约,
　　今生的爱情故事不会再改变。

"燕菊,咱来世还一起唱昆曲,好吗?"这是王燕菊生前和侯少奎的生死约定。

　　为了燕菊,我要好好地,把生活继续下去,把想做的事,一件一件做下去……

2007年,在王燕菊去世3年后,侯少奎的传记《大武生——侯少奎昆曲五十年》由文化艺术出版社正式出版了。侯少奎在序言里这样说:

我还要特别感谢一个人,她就是我的妻子王燕菊。我们俩从上个世纪50年代起,相识、相爱到相知、相守长达半个世纪之久,没有燕菊也就没有我和我这个家的今天。燕菊为我能安心从事昆曲艺术,为了照顾这个家,付出了她全部的心血,甚至割爱了她最钟爱的昆曲艺术,她说过:我成不成"角儿"没关系,但你一定要成"角儿",一定要把侯派艺术继承下来。

她生前最大的愿望就是希望我能把侯家的昆曲艺术总结出来,传承下去。

她临终前曾对我说:少奎,我们来世还要唱昆曲。

她的这句掏心窝子的话,如雷贯耳,我不能不从,不敢不从。

燕菊未能等到这本书的出版,于2004年8月不幸去世,这是非常大的遗憾。现在,这本书终于得以出版,也是完成了燕菊的一个心愿,是我对燕菊的庄严承诺,是献给她在天之灵最好的礼物。

我答应燕菊,把侯家的昆曲艺术总结出来,传承下去,因为,它更是我们民族的文化遗产。

我还答应燕菊,来世还要唱昆曲。

侯少奎的朋友,曾任北方昆曲剧院副院长的著名剧作家郭启宏也曾撰文道:"少奎兄悼念嫂夫人王燕菊的《榴花泣》:'三生幸会,两和谐。承合卺,送金杯。水墨青山惹人醉,半墙残月声声泪。燕菊去矣,两情如割心如锥。铁板铜琶大江东,小庭深院今梦谁。'少奎兄一往深情形诸笔墨,末二句至性至灵,悲壮复凄美。"[1]

作为《大武生——侯少奎昆曲五十年》的撰写者,我当年在写到王燕菊老师的时候,确实感觉需要用一首词来抒发侯少奎对她的思念之情,毕竟两位都是搞昆曲的,词十分符合他们的身份;更重要的是,写侯少奎传记是王燕菊老师生前对我的嘱托。那是2003年的夏天,王老师当面嘱托我:"明明,如有机会,请一定代为写写你少奎老师,他真的不容易,侯家真的很不容易,我先代表少奎,代表侯家感谢你,拜托了。"一句拜托的话语,饱含王燕菊对昆曲、对侯家、对侯少奎的赤诚。当时我并不知道王燕菊老师的身体已经悄悄被癌魔侵袭,那次见面后,我就再没机会见到她。在我的印象里,燕菊老师好像比少奎老师更容易接近,去他们家里她总是非常热情地接待我。

---

[1]《大武生侯少奎》,郭启宏《中国戏剧》2008年第7期。此词由胡明明所作,侯少奎亲笔书写。

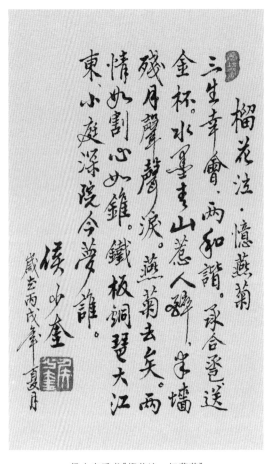

侯少奎手书《榴花泣·忆燕菊》

在写《大武生——侯少奎昆曲五十年》的时候,关于王燕菊这章,我问侯老师问得特细:"侯老师,如果想让这本书写好,您一定要有问必答,我问得细,您也一定要回答得细,包括您和王老师夫妻之间的私密情感;如何写,我会掌握的。"侯少奎老师真好,非常配合,一点没保留。他们两人相濡以沫几十年的这份真情也给了我非常大的触动,我很快便填好了《榴花泣·忆燕菊》这首词。侯老师看后非常满意,说写出了他对王老师的一片深情,之后又依我的要求,满怀对王燕菊老师的感情,用毛笔抄录这首词,印在了书里,留给了后人。其实,当时我还有个想法,请人给这首词谱曲,再请少奎老师用他独特的情感和嗓音唱出来,录下来,岂不对侯家更有意义?但这个想法一直没能实现,算是个遗憾。虽然燕菊老师没能看到《大武生——侯少奎昆曲五十年》的出版,但我庆幸自己没有辜负燕菊老师的重托,因为我知道,这是燕菊老师在她生命的最后一刻托付给我的最后心愿。

燕菊老师在天堂能够安息了。

六、侯家俩女儿

侯少奎和王燕菊有两个女儿。

大女儿过去叫侯爽,现在改名叫侯爽晖,她性格内向一些,是侯家第四代昆曲演员。

二女儿过去叫侯小奎,现在改名叫侯晓牧,她性格活泼开朗,曾经是东方歌舞团的领舞演员。

虽然两个女儿都改了大名,侯少奎还是习惯叫她们俩的小名,大女儿叫小爽,小女儿叫小奎。

这俩孩子当初都不听我和她们妈妈的话,很固执地从事了艺术。后来又都去美国念书。小爽拿了学士学位,小奎拿了硕士学位。现在姐妹俩在旧金山办了一所"侯家艺术学校",教授昆曲和东方舞蹈,继续传播中国传统文化。

小爽从小功课特别好,小学、中学总是全班第一,又当课代表,又当班长。小爽读初中是在和平门中学,中学的班主任田老师非常喜欢她,还问侯少奎夫妇能不能叫小爽拜她做干妈。小爽上到初三时,还有半学期就毕业了,正巧北昆招生,不知怎么哪根弦起作用了,她提出来非要考北昆。

侯少奎当时又想让她去又不想让她去,矛盾极了。想让她去,当然是为了昆曲,为了继承家业;不想让她去,主要是想起自己小时候决定去北昆而父亲不同意的情景,那时父亲的心情大概也和他此时的心情差不多。侯少奎跟小爽说:"你怎么跟我一样啊,我跟你爷爷怎么说,现在你跟我怎么说,一模一样,这话跟一模子刻出似的。"侯少奎说:"我还是劝你别去,当昆曲演员是非常苦的活儿,而且人事关系也非常复杂。"小爽坚持说要试试。侯少奎又劝她:"你初中完了上高中,高中完了上大学,非要上北昆干嘛呀。"小爽不听,还是天天磨他。

最后侯少奎还是没有同意,但小爽自己偷偷到北昆报名了。

初试和复试都过了,接到了录取通知才告诉我们。我和她妈妈就一块儿和她谈,说我们俩可都是北昆的,对那里情况了解,所以不同意你去,请你再慎重考虑一下,我们觉得你还是应该上学。

说什么也没用,小爽到学校办了离校手续,田老师和同学都哭了。可她主意已定,非要唱昆曲。可能是受家庭环境的影响,耳濡目染,对昆曲有深厚感情,另外也可能是家里的遗传基因起了作用吧。

《牡丹亭》，侯爽晖饰杜丽娘

1982年，小爽告别了和平门中学，进了北昆学员班，工闺门旦。她很用功，也很懂事。学员班文化课、戏曲课都有，小爽的文化课成绩全班第一，她写的作文《北京晚报》还登过。在学习上她是好样的，在学戏的悟性上她也非常好。

小爽跟沈世华老师学戏，《游园惊梦》、《小宴惊变》、《琴挑》、《思凡》都学了，还学得不错。她学了没两年，中央电视台就录制了一出她的《思凡》，同时录的还有她同学杨威的《夜奔》。小爽在沈世华的指导下打下了良好的基础，身段非常漂亮。后来又得到张洵澎、梁谷音、蔡瑶铣、洪雪飞、张毓文老师的指点，从各个老师那里又学了不少好东西。她是个很有想法、很会琢磨戏的演员，所以进步很快。

昆曲的剧本非常深奥，文字很雅，不易懂。比如汤显祖《牡丹亭》里那些词儿，很多演员演了多年还是一知半解。小爽觉得自己演戏，最起码先得把唱词弄明白了，才好体会和表现人物。所以她找到中学田老师的先生，一位在文学方面非常有造诣的教授，请他拿着剧本逐字逐句地讲，她自己回来也很用功，看很多书。慢慢地，小爽对曲词就有了一定的了解。

有时候我们俩聊天，我就让她给我仔细讲讲《夜奔》里的词，看我的体会和她的有什么不同，她能说出不少挺深的东西来。至于她自己演的《牡丹亭》、《长生殿》什么的，就更拿手了，什么都能给你说出来，这个词儿是什么意思，在曲子里作什么讲，有什么典故，表达什么情绪，有什么隐含的意思等，所以她演戏的时候对人物的把握好，表演也更深入。

小爽有一副家传的好嗓子，比如《牡丹亭》的杜丽娘、《思凡》的色空、《小宴惊变》的杨贵妃、《千里送京娘》的京娘，她都演得相当好。

妈妈王燕菊也是唱闺门旦的，所以母女俩常在一处谈戏。而侯少奎这个唱武生的也不含糊，小爽的很多戏侯少奎也都是要说说的。

别看我不是唱旦角的，但昆曲的东西，台上的感觉，各个行当是通的。我告诉她，侯家的戏都是非常稳的戏，要有派头，演戏不能光演技巧，要演人物。小爽听了我们的话，在台上也确实有派头，看她的杨贵妃是相当舒服的，我特别喜欢看小爽的《小宴》。

侯少奎与女儿侯爽晖合演《千里送京娘》

小爽后来提出想出去念书，换个环境，看看外面的世界。侯少奎和王燕菊支持，于是小爽就去了美国。她在那里读书也没有忘了昆曲，常常参加当地的曲社活动，还和其他演员去大学讲学和演出，开办了艺术学校，教授中国昆曲。

侯少奎去美国的时候，发现很多大城市都有昆曲社，许多年轻人对昆曲很感兴趣，也很投入，他觉得很高兴。

我跟小爽说：在海外都有这么多昆曲的知音，说明昆曲是有前途的，你要继续努力！

侯少奎二女儿小奎，名字很像男孩子。女孩子怎么叫这个名字呢？还有个故事呢。王燕菊怀第二个孩子的时候，侯少奎的母亲说，看肚子的形状应该是个男孩子。

我妈妈生了我们兄弟姐妹八个，她是很有经验的了，所以她说这第二个孩子是儿子，我和燕菊就商量着要取个男孩的名字。我妈说要是儿子，咱就叫他侯小奎，将来能继承侯家的戏，要是闺女，叫这名字也不错。

没多少日子，燕菊生下了小奎。大夫见了我说："恭喜你得了一个大闺女。"生之前我都以为是大儿子呢，不过大闺女我也一样喜欢。

侯少奎全家福（1992）

小奎从小就喜欢跳舞，当时歌剧院有一个业余舞蹈班，老师是侯永奎的学生叫袁金姚，小奎就在那儿学，参加业余演出，还获过奖。

我们的原则是不能影响正常的功课，她也给我们保证说功课好再学跳舞。但是我还是不主张她学舞蹈，她姐姐已经上北昆了，我想让她好好上学。

1988年，北京舞蹈学校东方班招生，小奎偷偷报了名。

我们也不知道。我有个朋友叫罗松涛，是一个企业的经理，刚好他那天也去给朋友的孩子报名。小奎因为是偷着去的，身上没有钱，就问罗借报名费，好像是五块钱。人家掏出来一张十块，她说都给我吧，报完名还可以去外面吃点东西。

初试，一量她的腿比上身高出一点几公分，身材比例特别好，超过招生标准，就等复试了。

我和燕菊说，真是拦不住，没办法，爱怎么着怎么着吧。结果复试也过了，这样她就到了东方班学习舞蹈。

到现在罗松涛见到侯少奎还说："侯叔叔，小奎她拿了我十块钱，就考上东方班了。"侯少奎说起这事来就乐。

小奎练功很刻苦，腰功和腿功都好，有悟性，她是班上的尖子。在舞蹈学院学

侯少奎和小女儿侯晓牧(小奎)合影

了四年,临近毕业的时候,东方歌舞团来选演员。筛选考试很严格,小奎脱颖而出,顺利进入东方歌舞团工作。她在团里头业务也很出色,曾经作为领舞到过很多国家演出。

但是舞蹈演员的艺术生命特别短,演员年龄稍大,就很难立足于舞台。小奎考虑到这方面的因素,在她 23 岁那年,决定跟姐姐小爽一样,到国外去求学。她在美国从最基本的英文开始发奋,一直拿到了硕士学位。

后来小奎自己把名字给改了,她觉得叫侯晓牧更合适。

侯爽晖和侯晓牧在旧金山的时候,常常参加一些艺术活动,她们发现当地很多华人团体所表演的节目还是停留在若干年前的水平上,而且不够专业,不能真正体现和传播东方艺术的美。

于是姐妹俩决定自己尝试一下,用古典音乐伴奏,把中国传统戏剧和传统舞蹈糅在一起来表演。侯晓牧擅长编舞,姐妹俩设计一定的情节,配上合适的音乐,用舞蹈动作或戏曲身段来讲述中国的故事,取得了成功。她们的演出,传统和创新兼而有之,专业性极强,一下子就在旧金山轰动了。人们提起"Hou Sisters(侯家姐妹)",几乎就是旧金山中国传统文化的代言人了。

于是侯爽晖和侯晓牧决定开办一个自己的学校,来传播东方艺术。给学校起

侯少奎与女儿、外孙女合影（2012）

名字的时候，挑选了两人都喜爱的《牡丹亭》中"牡丹"一词的英文 peony，起名为"Peony Performing Arts"，中文名很简单，就叫"侯家艺术学校"，主要是教授东方舞和昆曲。

学生分为成人和少儿两组，都是以非常专业的标准来教的，学生进步很快。学校还经常受到邀请，在当地举办的很多个全国性甚至世界性的文化艺术节上展示东方艺术，深受好评，获奖无数。

姐妹俩在她们最受欢迎的几个节目中，曾经采用了《牡丹亭》的故事，来表现中国古代少女生活的压抑和她们对爱情的美好憧憬，通过设计有唐、宋、元、明、清特色的服装和舞蹈来表现中国历史上这五个朝代，借用两宫皇太后垂帘听政的情节来表现清代的宫廷生活。观众无论是东方人还是西方人，都看得如痴如醉，使得当地对中国和中国传统艺术感兴趣的人越来越多。

现在,"侯家艺术学校"在旧金山市,乃至整个加州都相当有名了,"侯家姐妹"的影响正在不断扩大。侯少奎觉得这是因为她们是用很专业、很真诚的心来传播东方艺术,而且选择的是很传统的、很美的表达方式,这样的艺术是不会受语言和文化的限制的,全世界都会喜欢。侯少奎很自豪地说:

> 我觉得我这两个孩子很不容易,我很喜欢她们所做的事,我很为她们觉得骄傲!
>
> 我希望有更多的年轻人,能够欣赏中国的传统艺术,懂得昆曲的美,最终爱上昆曲,昆曲的未来,是一定会越来越好的!

第四章　传承篇

　　《林冲夜奔》、《单刀会》和《千里送京娘》被称作"侯三出"，这三出戏完美地表现了侯派武生艺术。从某种角度说，没有"侯三出"，就没有北方昆曲武生艺术的"灵魂"。人们可以明显地通过"侯三出"感受到北方昆曲武生艺术在长达百年的历史中所展现的一条清晰、完整、系统的传承脉络。这个传承脉络的必要条件包括：代表性传承人、代表性传承剧目、代表性传承风格，以及传承的历史性、系统性和审美价值。从舞台表演层面上讲，这个传承脉络是一定要通过舞台上传承人的表演、唱腔、身段、脸谱等，才得以艺术地综合体现，以达到鲜活的艺术感染力和深度的审美体验。

一、"丈夫有泪不轻弹"——《林冲夜奔》

　　昆曲《林冲夜奔》(以下简称《夜奔》)是昆曲舞台上优秀传统剧目之一，该剧源于明代文学家和戏曲家李开先的传奇《宝剑记》，讲述林冲为奸臣高俅陷害，被迫深夜逃亡，前往梁山落草的故事。林冲为人们所熟知，是因为施耐庵的小说《水浒传》，而昆曲《夜奔》中的林冲则是经过李开先再创造而成的一个全新人物，不能用小说《水浒传》中的林冲来衡量和规范昆曲《夜奔》中的林冲。若要立足于小说来论，就很难正确理解《夜奔》中的林冲了，因为《夜奔》中的林冲本就不是《水浒传》

林冲的戏剧化。

李开先的传奇《宝剑记》中的林冲形象与施耐庵的小说《水浒传》中的林冲形象有很大的不同,其根本的不同是作品主题的不同。《水浒传》中只是林冲与高俅之间的社会冲突,是"家事",而在《宝剑记》中,林冲的冲突则上升到了政治的冲突,是"国事",完全改变了林冲遇难被逼梁山的社会背景和社会根源,突出了忠与奸之间斗争的主题。正如作者在开首曲《鹧鸪天》所言:"诛谗佞,表忠良,提真托假振纲常。古今得失兴亡事,眼底分明梦一场。"

清光绪年间有四个人唱《夜奔》,分别是河北玉田"益和"昆弋班的教习钱雄、"荣庆"昆弋班的陶显庭、"恩荣"昆弋班的荣广,以及"安庆"昆弋班的王益友。钱雄是当时昆班的名武生教师,陶显庭、荣广和王益友的《夜奔》都是他传授的,但这四个人无论是唱念风格还是身段路数都不尽相同。如唱"管叫你海沸山摇"这句时,王益友用左、右手做波浪式,配合跨腿接踢腿亮相,表现林冲为起兵报仇而煞费苦心;而陶显庭则是手做波浪式,双臂同时大幅度左摆右摆,寓意报仇大军排山倒海之势。

侯永奎的《夜奔》是王益友所传,侯永奎又传给了侯少奎。如果溯源的话,北昆现在演的这个《夜奔》应该是前辈钱雄的路子。

《林冲夜奔》,侯少奎饰林冲(1985,摄影吴赣生)

北昆目前的《夜奔》版本较多，传承人也不一样，但公认是以侯永奎、侯少奎的版本最具北方昆曲鲜明的艺术特色，是北方昆曲风格的武生经典代表剧目。

《夜奔》是个独角戏，内行称为"一场干"，演出时间长达40分钟，而舞台上就一个演员。唱念要好，身上的功夫要好，并且整个儿要在人物的情绪里头，可以说是声、情、舞并茂的高度集中。除了幕后的乐队，没有其他任何外来的支持，演员出任何一点纰漏，绝不可能逃过台下观众的眼睛，难度之大，可想而知，所以戏曲界有"男怕《夜奔》，女怕《思凡》"这一说。

京剧所谓的"大夜奔"是改编过了的大武生戏，上很多人串场表演，林冲也有时间多次下场休息。戏里头加上了金枪手徐宁追赶林冲的情节，梁山好汉杜千和宋万迎接林冲，与徐宁两方开打。但熟悉《夜奔》曲词的观众就知道，按戏词儿，根本就没有这些人。演员按老词儿唱，表演按新法子演，总是有些欠通，原来昆曲"一场干"的紧凑劲头全没了。而且从故事情节上来看，还是一个人的《夜奔》更合理。所以说昆曲《夜奔》的"一场干"是有道理的，不仅有舞台表演的独到之处，也有情节上的合理性。

《夜奔》是考验武生功夫的"标杆"，你基本功怎样，能不能抓住人物，一出《夜奔》就全看出来了。历史上，昆曲、京剧等剧种的武生大师们都喜欢演这出戏，道理也在这里。评价一个武生演员是否优秀，除看其先天条件外，艺术造诣上就看他《夜奔》这出戏演得怎么样。这出戏演到家了，其他戏也就容易找到感觉。

侯永奎扮林冲是画水粉脸，而现在的戏曲舞台妆一般都用油彩了。不管是用传统的水粉还是现代的油彩，化妆的时候都应该注意从人物出发。

很多人可能会觉得俊扮的武生脸都是一样的，无非是抹底彩，画眼眉，搭胭脂等。这个观点是不对的。戏曲演员的化妆是很关键的，不管生旦净末丑，妆扮一定是跟着人物走的。就说林冲与武松，同样是俊扮武生，化妆上还是不能完全一样的。武松的底色要偏黄一些，草莽英雄的感觉很明显；而林冲的底彩就不能太黄，因为林冲是曾经有官职的，是八十万禁军教头，比较有身份。

昆曲中林冲的扮相最早是穿黑厚底靴、黑缎子箭衣、黑缎子彩裤、白绦子、白大带，戴黑罗帽。后来侯永奎经过舞台实践，做了一些改变，变成了黑薄底鞋、黑大绒箭衣、黑缎子彩裤、蓝绦子大带，戴黑罗帽。色彩搭配上更漂亮了。把厚底改为薄底，是因为夜里逃跑穿薄底鞋更为合理，也更便于做身段。到侯少奎这里，又做了些改动，把料子从大绒变成了丝绒，这样的质地便于做身段、走技巧，而且丝绒在明亮的舞台上,视觉效果也会更好。

传统昆曲的扮相突出林冲是在夜里逃跑,穿一身黑的夜行衣,更为合理。京剧武生宗师尚和玉曾多次和侯永奎谈到,林冲的扮相一定要保持昆曲风格,千万不要改动。如果按京剧那样穿卒坎和箭衣,头上再戴倒缨盔,就会失去昆曲的传统,而且也不够合理。所以,侯永奎和侯少奎的林冲扮相一直未改,保持到了今天。

侯永奎在《夜奔》这个戏上取得的成就,与他拜尚和玉先生为师也大有关系,过去的《夜奔》没有现在这么多身段和技巧,侯永奎学了尚派戏之后,根据人物的情绪,把很多尚派的动作糅进了《夜奔》的身段,丰富了这个人物。另外,侯永奎还在继承传统的基础上对《夜奔》的舞台表演也进行了修改与加工,如去掉了过于冗长繁琐的[水仙子]曲牌,去掉了伽蓝神上场带有迷信色彩的情节,结尾处加上了[煞尾]等,使这出戏在艺术上更加精炼与完整。

侯永奎的《夜奔》,一个人在场上演40多分钟,把处于困境中悲愤交加的林冲演得出神入化、令人难忘,被称为"活林冲"。侯少奎的表演要比侯永奎的快一些,演全大概35分钟左右。

《夜奔》整出戏的节奏变化要明显,从开始的大段念白,到唱[点绛唇]套的八支曲子,必须越唱越紧,来体现林冲趁夜投奔梁山的紧急情势和心理变化,演员必须有扎实的基本功才能一气呵成。

出场前,林冲要在侧幕先喊一声"啊——嘿——"。这叫"闷帘儿",用意是在未出场前把观众抓住,侯永奎亮这一下嗓子,总是能获得热烈的掌声。这个"闷帘儿",从剧情来说,可以理解为林冲夜间行走时咳嗽的艺术夸张;从戏曲舞台的传统来说,就是演员告诉大家:"我要出来了!"

林冲出场的身段既要符合八十万禁军教头的身份,又要有逃跑的感觉,还要有很美的视觉效果。这个出场很重要,同样是在黑夜中,就要区别于《三岔口》任堂惠的出场。林冲是八十万禁军教头,出场要有份儿,就是要有派头,锣鼓用慢撕边。

林冲出来后要有表演,因为他是在逃跑,要环视四周有没有人;还要往后看,时刻小心后面有没有追兵——以前侯永奎演出时没有这个"往后看",这是经盖叫天指点后加上的,这样就更符合人物了。这其间林冲的眼神不能散,要始终跟着云手走,用眼神和面部表情来表现林冲当时身处的环境和内心的波动。这段表演既不是起霸也不是走边,一般小武生角色的走边是强调利索、漂亮和技巧,而林冲的出场是完全从人物出发的。

出场完毕，开唱［点绛唇］："数尽更筹，听残玉漏，逃秦寇。哎，好、好教俺有国难投，那答儿相求救。"表示林冲此时的处境和心情。"逃秦寇"是一种恨的比喻，"那答儿"是"上哪里去"之意，是北曲唱词的套用方言。

接着念八句诗："欲送登高千里目，愁云低锁衡阳路。鱼书不至雁无凭，今番欲作悲秋赋。回首西山日又斜，天涯孤客（音 qiǎi）真难渡。丈夫有泪不轻弹，只因未到伤心处。""欲送登高千里目"是登高望远之意。"愁云"是指阴云。"衡阳"在今湖南省，古时说大雁飞到这里就不再往南，而开始往北飞了，意思就是到头儿了。"鱼书"句是指没有音讯之意，"悲秋赋"是用来形容林冲悲愤的心情。

关于"回首西山日又斜"，有观众提出过疑问：林冲明明是夜奔，那么天黑后怎么还会看得见太阳呢？其实这里描述的不是实景，而是借夕阳西下比喻林冲当时悲伤的心境。而"客"字念法与平常念法不同，要上韵。最后一句要念出感觉来，"伤心处"的"处"字，急促收音，有"欲说还休"的意思。

这八句诗就是行话所说的"定场诗"，非常重要，是奠定人物形象基调的。这是林冲第一次开口讲述自己的遭遇和悲愤心情，指出了他"夜奔"的原因和无奈，演员一定要在这短短八句之中把人物念出来。这里有中国戏曲的一个特点，演员不是完全在戏里的，他既是那个深夜逃亡的林冲，又是舞台上的林冲，他在自报家门的时候，要有人物的情绪，又要跟台下观众有眼神的交流。

八句诗后，是林冲的大段念白，动作和念白要一气呵成。

林冲"入梦"动作，侯永奎有他独到的地方。在"一觉放开心定稳，梦魂千里到阳台"这句，用镲锣的四击头，做两圈到三圈的大跨虎，站住纹丝不动，然后接"到阳台"直接睡下。接着做梦了，然后原地一滚起来，"扑棱"就跪那儿，接念"吓煞我也"，这套表演非常有意境，可谓一绝。后来侯少奎把这个动作改成了飞脚、单腿旋转圈，然后片腿"卧鱼"倒下睡觉。起来也还是卧鱼起。卧鱼就是表示走累了睡着了。这个动作，观众也很喜欢，这是根据侯少奎自身的具体条件来设置的一些技巧。

接下来唱［双调新水令］，这段唱是散板曲，没有规定节拍，由演员控制节奏，只在每句唱完处有一板表示意思结束。昆曲是"上板曲要唱准，散板曲要唱稳"。在唱稳的基础上，需要表达情绪的地方，如果演员的条件好，有嗓子就可以拉长音。

这大段的唱，吐字一定要清楚，因为昆曲的曲词文意较深，典故又多，本来就不是很容易理解，如果演员口齿再不清楚，那观众们就更是云里雾里了。清晰的唱念,优美的身段,配上传神的表情,才能使观众对剧情和人物有更深的理解。

唱"按龙泉,血泪洒征袍"时,林冲拔出宝剑,唱"血"字时用拔高的方法唱,高音的"1、2、3",唱出林冲蒙受不白之冤的悲愤,唱出林冲血泪史,更要唱出他报仇雪恨的决心,这样才能把观众的情绪带到林冲的情境中来。"恨天涯,一身流落",林冲孤身出逃,留落他乡,真是叫天天不应,叫地地不语。

唱"专心投水浒"的时候,是面向着汴梁的方向,一步一步退向梁山;唱"回首望天朝"时,演员要配合大圆场的动作,这里非常出人物,要有多大台跑多大圆场,偷懒跑小圈绝对不成。跑这个大圆场,要又快又稳,因为"回首"这两个字要在台上一气贯通,所以气息也要匀,不能叫台下听着你呼呼乱喘,所有这些是非常吃功的。

这个"专心"并不是真的专心,林冲内心还是想在朝廷做官,封妻荫子,按照正统的方式飞黄腾达,所以他"回首望天朝",非常留恋北宋朝廷。他的投奔梁山是被逼无奈的,这一段必须要唱出矛盾的心事来。当唱最后一句"急走忙逃,顾不得忠和孝"时,双手弹泪,脚下垫步亮相,这一段有跨(音 kuǎ)步的动作,是昆曲尤其是北昆的特色。

"凉夜迢迢,凉夜迢迢,投宿休将他门户敲。"意思是漫漫长夜,我不敢敲门投宿,因为没人敢留我住宿。"残月"暗指林冲不能和家人团圆,指他见景生悲的心情。"俺的身轻不惮路迢遥"是孤身一人之意,"不惮"的"惮"是怕的意思。这段是写林冲从八十万禁军教头落到成为逃犯这个遭遇,重在唱出情绪,例如"休将他门户敲",要唱出林冲胆战心惊,不敢大声敲门的感觉。

林冲接念:"想俺林冲在那八十万军中,做了禁军教头,征那吐蕃的时节呵!"唱[折桂令],是《夜奔》的中心唱段,是上板曲,一板三眼(相当于4/4拍),节奏鲜明,板眼一定要唱准。

实指望封侯也那万里班超,到如今生逼做叛国红巾,做了背主黄巢。恰便似脱扣苍鹰,离笼狡兔,折网腾蛟。救国难谁诛正卯?掌刑罚难得皋陶?似这鬓发焦灼,行李萧条,此一去博得个斗转天回,高俅,管教你海沸山摇!

此段一句一个动作,也可以说一个字一个动作,集中体现了昆曲载歌载舞的特点。因为板上眼上都有动作,身上的动作要非常准确,如果要过了板,动作就赶不上，而动作要是先走了，板就赶不上，所以这段［折桂令］非常有难度。可以说《夜奔》这出戏的成功，关键就在此段。

"也那"在唱腔里是衬字，没有具体含义。"红巾"有的演出本作"黄巾"，"红巾"是指过去起义的时候，人们在枪和杆上系上红布，表示起义。"正卯"是指少正卯，他是春秋时鲁国大夫，孔子任司寇时因其乱政而杀之。"皋陶"是传说中舜时的一位正直的法官。后面几句是形容自己跑得散乱的头发和简单的行李，过去唱《夜奔》时，演员在身上系一个小包表示简单的行李，但后来为了做身段时干净漂亮，就把这个取消了。"斗转天回"是命运转变之意，"斗"指北斗，北斗的柄转向东边，表示春天就到了，形容他自己也有希望了。

在动作上，当唱到"脱扣苍鹰"的"脱"字时，一定要用手把左腿托起，然后变成射雁式；当唱到"此一去博得个斗转天回"时，用三四个转身形容北斗星转动；紧接着念"高俅"，要念得铿锵有力；然后踢腿拍腿，海底捞月式变脸，亮相——这个亮相一定要让观众看出林冲要把乾坤倒转的决心。

侯永奎和侯少奎在这一段上都下过不小的功夫，在演出时把握住人物内心的思想变化，唱得急缓有致，使整段曲子一气呵成。

接下来是［雁儿落带得胜令］，要唱出林冲的恋乡和义愤难平。

> 望家乡去路遥，想母妻将谁靠？俺这里吉凶未可知，他那里生死应难料。
> 呀！吓的俺汗津津身上似汤浇，急煎煎心内似火烧。幼妻室今何在？老萱堂空盼了。劬劳，父母的恩难报。悲号，叹英雄气怎消？

唱"望家乡去路遥"时，手上下作波浪状，代表已经离家非常遥远了。虽然惦念母亲和妻子，可自顾不暇，根本无法照料她们。更谈不上报答养育之恩了。

林冲在感叹之下做出了一系列身段：掏腿、掏腿、翻身，这几个连贯动作和"叹英雄气怎消"的情绪契合，这个是侯永奎由尚派的《挑滑车》里的动作发展来的。以前老的动作就是拍胸、转身、举掌，没有什么技巧。到侯少奎这里，他又把身段发展了一下，变成掏腿、掏腿、翻身、飞脚、踹翻身，更能体现林冲义愤难平的心情。

接着第五段曲牌是［沽美酒带太平令］：

> 怀揣着雪刃刀，行一步哭嚎陶，急走羊肠去路遥。（天，天哪！）适才间明

星下照,一霎时云迷雾罩,疏喇喇风吹叶落,震山林声声虎啸,又听得哀哀猿叫。俺呵,吓的俺魂飞胆消,似龙驹奔逃,百忙里走不出山前古道。

唱词里的虎啸猿啼并不是那么实,而是一种虚景,用来衬托林冲在逃跑当中的境况,又是险,又是悲。虽然唱词中间有很多不太契合实情的地方,演员演林冲一定得投入,必须要认为自己就是林冲才能投入,不然就不可能把人物演活。

这支是一板一眼(相当于2/4拍)曲,但侯少奎都是用流水板(相当于1/4拍)的节奏来演唱,使观众看到林冲犹如脱缰野马,狂奔在山谷之中,山中的虎啸猿啼使他极度紧张和恐惧,表现出"百忙里走不出山前古道"的急切样子。

接着唱[收江南]:

又听得乌鸦阵阵起松梢,数声残角断渔樵。忙投村店伴寂寥,想亲帏梦杳,想亲帏梦杳,顾不得风吹雨打度良宵。

其中"阵阵"两字翻高唱,这和曲子前面的高声"呀——"字相配合,表现林冲在走投无路的绝望中,听到松枝上乌鸦惊飞的声音,知道前面有动静,很可能是人的动静,使他产生了走出山道的希望。"呀——"和"阵阵"突出表现了林冲悲喜交加,演唱时需要清脆、高亮,力度要强,表达出林冲的惊、悲、喜的感觉。接着"数声残角断渔樵"句是林冲听到断续的号角之声,表示已近天明时分,在催促打渔人和樵夫了,林冲自己也要赶紧"投村店",然而即使找到住所,他孑然一身,只有寂寥相伴。"想亲帏梦杳",说他即使在梦里也见不到自己的亲人,只有风和雨伴他度过"良宵"之夜了。"顾不得风吹雨打度良宵"这一句,侯永奎是"转灯"(单腿转),亮相。侯少奎则改成"转灯",坎身同时背剑亮相,剑穗搭在右臂前,动作干净利索,一气呵成,这样的身段更有难度也更漂亮,这是在技巧上的一种变化。

结束一段[煞尾]:

一宵儿奔走荒郊,穷性命,挣出一条。到梁山借得兵来,高俅吓,贼子,定把你奸臣扫!

第一句唱的时候要显得颇为筋疲力尽,好不容易熬过这难挨的一夜,保得自己性命无虞。但是后句情绪高涨,因为梁山就在眼前,报仇的希望就要来了,林冲咬牙切齿地发誓要把奸臣除去。

[煞尾]后林冲作探看状,道:"呀,看前面已是梁山,待俺赶上前去!"然后下。这"赶上前去"四字务必要铿锵有力,使人对他后续的复仇充满信心。

《夜奔》的全部唱,有三个高腔,都是满宫满调,拉足了唱。[新水令]"血泪洒征袍"句,"血"字三个翻高儿;[折桂令]"身上似汤浇"句中"身"字那个腔,仿佛比《四郎探母》中的嘎调"叫小番"还要高;还有[雁儿落带得胜令]的"又听得乌鸦阵阵"中"阵阵"两字也是这么高。侯少奎本身条件好,继承了侯永奎的好嗓子,所以就充分发挥自己的优势,把这三处唱足、唱满,情绪表达得特别充分。

最后,要说明一个问题,著名红学家周汝昌先生曾写过一篇文章,题目叫《活林冲侯永奎》。文中提到他怀念侯永奎先生,说:"侯永奎名驰大江南北,连梨园老辈内行也赞之为'活林冲。'"周先生说他迷恋昆曲"还要数《夜奔》,京班里有此戏,那差远了,没法比。我佩服侯永奎……"他在文章中还说:

> 侯永奎武功太"瓷实"了,看多少次,一招一式,一举手一投足,像"铁铸钢成",一丝不会差,一毫不会懈——然而又不是僵板硬,处处恰到好处。这戏重极,也难极,一个人载歌载舞,从头到尾,略无喘息,却唱"满了台",令你凝神屏息,目不转睛。

周汝昌先生在这篇文章里除了称赞侯永奎的《夜奔》外,还对个别唱词的字意和理解提出了不同的意见。他讲《夜奔》戏词中"有几处误,如'恰便似脱扣苍鹰……'一句,'扣'字错了,本是'鞲',是架鹰者系在臂上的'皮套',即'护臂'(鹰爪甚利伤肉也)。如'红尘中误了俺武陵年少',应作'风尘中误了俺五陵年少'……""再如'又听得乌鸦阵阵起松梢,数声残角断渔樵',错得更厉害——侯先生依别人讲解而说道:'断'是催促的意思:天亮了,催渔人樵夫早起……实在全错了。那句曲词是'数声残角断余谯'。谯楼是吹号角(古代报时)的城门楼。京戏里《李陵碑》'听谯楼、打初更、黄昏时候';《王佐断臂》'听谯楼、打初更、玉兔东上'……例子多了。秦少游《满庭芳》名句:'山抹微云,天连衰草,画角声断谯门',正谓此也。'断'是就要吹它(号角)了,城门就要关了……"

周汝昌的意见有一定道理,这出戏是老辈儿代代传承下来的,有一百多年历史了,在流传过程中,难免有瑕疵。它就当像是一件精美的"文物",既然是"文物",最好保持原样,但要在这里做个说明,有个交代,在适当的时候予以修正。

综观《夜奔》的传承过程,北昆前辈在继承《宝剑记》的基础上对《夜奔》进行了多次成功的整理,逐渐成为现在北昆舞台上的经典剧目。如将李开先原本中"念我一时忿怒,杀死奸细,幸得深夜,无人知觉,密投柴大官人庄上隐藏……想是伽蓝神圣指引迷途,我林冲若得一步之地,重修宝殿,再塑金身,撒得脚步去也"这一段戏,改为"俺一林冲,一时愤怒,拔剑杀死高俅奸佞二贼,多蒙柴大官人赠俺书信一封,荐往梁山,是俺白天不敢行走,只得黑夜而行……此时不走,竟等何时,拜谢神圣,开了庙门,甩开大步,直奔梁山走遭也"。修改后语言相对更加精炼,营造的气氛也更符合剧情的规定情景。而这一段戏也由两人在台上表演改为由一人连念带做一气呵成,删去了剧中伽蓝神这个次要人物,使戏剧结构更加紧凑,节奏更加明快,并删去了带有迷信色彩的部分念白和情节。还去掉了过于冗长繁琐且带有消极色彩的[水仙子]:"一朝谏净触权豪,百战勋名做草茅,半生勤苦无功效。名不将青史标,为家国总是徒劳!再不得倒金樽杯盘欢笑,再不得歌金缕筝琵络索,再不得谒金门环佩逍遥。"从而在表现人物矛盾心理的同时更突出了人物的反抗性格,使此剧的主题更加明确和突出,使之成为"独角戏"。

此外在全戏的结尾处也做了大的改动,将李开先原本结尾处的"故国徒劳梦,思归未得归;此身无所托,空有泪沾衣"四句剧尾诗,改为[煞尾]:"穷性命!挣出一条,到梁山借得兵来。高俅呀!贼子!定把你奸臣扫。"然后接念白:"呀,看前面已是梁山,待俺趱上前去!"下场。这样使原本灰暗低沉的情绪一下变得明朗积极,将演出的情绪高潮一直带到演出结束,同时也使这出戏在艺术上更加完整与精炼。修改后的《夜奔》主题更加鲜明突出,结构上去除枝蔓,一条主线贯穿到底,演出形式上成了"一场干",即全剧就一个演员一气呵成。演出内容上在"取其精华"、保留进步优秀成分的同时"去其糟粕",尤其是注意去掉那些消极、迷信和不健康的成分,这是整改旧剧的一个重要方面。

昆曲《夜奔》这个戏,剧情不复杂,人物就一个人,唱念也不多,全戏文字也就千字左右。为什么这个戏能够久演不衰,能够带给观众强烈的震撼,能够带给演员表演的激情?就是因为昆曲《夜奔》这个戏的文本给演员留下了很大的表演空间,因而突出了表演功力,突出了武生行当的基本功,突出了戏曲程式化、虚拟化的表演特点。例如林冲出场要走很多动作,这种动作既不是走边,也不是起霸,是融合在一起的一种符合人物的身段,这种身段既要符合林冲八十万禁军教头的身份,又要有逃跑的感觉,还要有很美的身段。剧中体现的情境与情绪和演员的表演是相辅相成而又十分默契的,每一个动作和技巧都是从规定的情境出发,从人物出发,而不是为了技巧而技巧。

昆曲《夜奔》是传统戏,在其漫长的传承过程中出现过许多版本,这很正常。但需要说明的是,虽然北昆还有其他版本的《夜奔》,南方也有其他版本的《夜奔》,但毋庸置疑,公认的最好版本,也是传承最多的版本当以侯永奎、侯少奎父子的演出版本为最佳。而真传者,目前当属仍活跃在舞台上的侯少奎和裴艳玲。

2011年12月,在"百年风华——昆曲大师侯永奎先生诞辰100周年纪念演出"活动中,北昆的青年演员王锋、饶子为、刘恒及浙昆的项卫东分出演了侯派名剧《林冲夜奔》。2012年在第五届中国昆剧艺术节"名家传戏——当代昆曲名家收徒传艺工程启动仪式"上,文化部以"国拜"的形式为侯少奎指定了北方昆曲剧院青年武生演员王锋为侯派《林冲夜奔》的传承人之一。

二、"大江东去浪千叠"——《单刀会》

昆曲《单刀会》(以下简称《刀会》)取材于元代剧作家关汉卿的杂剧《关大王独赴单刀会》中的第四折。三国时候,东吴都督鲁肃,邀请关羽过江赴宴。关羽明知鲁肃之计,却仅率周仓一人如约赴会。席间关羽把过关斩将旧事向鲁肃叙述,鲁肃讨取荆州,关羽执剑面对鲁肃令其送己回舟,关羽、周仓全身而退。鲁肃失计,只得望江兴叹。

昆曲和京剧等都曾整理搬演过此剧,以昆曲最为接近原著,有"活"在舞台上的"北曲"之称。流传下来的版本有:元杂剧现存最早的版本《元刻古今杂剧三十种》本、明代《脉望馆钞校本古今杂剧》本以及卢冀野编的《元人杂剧全集》本、王季烈编的《孤本元明杂剧》本和《侯玉山曲谱》、《振飞曲谱》、《京剧丛刊》等。

现昆曲舞台常演此剧的第三、四折,分别称为《训子》和《刀会》。本文所介绍的《单刀会》非全本,乃是单指这一折而言。北昆《单刀会》以侯永奎和侯少奎的演出最为著名,现北方昆曲剧院演出本是侯少奎的演出本。

《刀会》是昆曲舞台上保留的少数元杂剧的遗存之一,虽历经六百多年,仍基本按关汉卿的原本演唱,曲调也大体保留了元代北曲的特色,很能体现元代杂剧的风貌。此剧词曲雄壮豪迈，表演大气磅礴，气势、意境等均臻上乘，深受广大观众喜爱，也是北昆传统折子的经典之一。

这出戏非常见功夫，唱、念、做、表缺一不可：唱北曲的[新水令]套，曲子多，难度大，嗓音要高亢激越才能唱出关公的气势来。《刀会》时关公的年纪大了，身份也高了，工架一定要稳重，要压得住台。还要演出关老爷的派头，演出不怒自威的气势。要把握住在整个剧情的发展中关公的情绪变化，"望水"一场的回忆和感慨，以及与鲁肃在江边的第一次交锋，席间讲述过关斩将的英雄气概，反扣鲁肃压住伏兵的激烈，最后与鲁肃告别时的调侃和正告，人物的性格在剧情中层层体现。脸上身上都要有戏，与周仓还有鲁肃的配合也很关键。所以说《刀会》的关羽表演难度确实不小。

《刀会》这出戏，历史上很多昆曲演员都唱过的。"荣庆社"昆弋班的陶显庭，嗓音浑厚，以唱见长，侯永奎的《刀会》就是他传授的；"益和班"出身的老艺人唐益贵的《刀会》表演细腻，以动作见长。京剧的程永龙、林树森等前辈，也都擅演老爷戏，也给过侯永奎很多指导。侯永奎还曾观摩王椿柏和唐韵笙等的表演，从中吸收了不少的好东西，丰富到自己的舞台表演里。

侯永奎有得天独厚的嗓音，稳健的工架，威武的扮相，他的身段融众家之所长，又有自己的独到之处，表演极其传神，可以说把关公都演活了！当年陈毅元帅看过侯永奎的《刀会》后，由衷地说："谁看见过真关公？我看永奎一出场就是关公！"

侯永奎的关公具有如此神韵，除了他传神的表演、声情并茂的唱念外，和侯永奎对关公扮相的改进也有很大的关系。他的关公扮相综合了京昆之长，有很多独到之处。以下从脸谱、盔头、穿戴等几个方面谈谈侯派关公扮相。

关公的脸谱基本上是宗杨小楼先生的勾法，眼窝、眉子是勾丹凤眼和卧蚕眉，大多数关公脸谱在眉眼方面都是这样的勾法。而侯派关公脸谱的鼻窝是从鼻孔往下勾的，这是侯永奎特有的勾法（一般都从鼻沟处往下勾），可以显得脸较大，非常威风。额头上的两道弯是宗杨小楼先生的脸谱，是皱眉表情的一种延续，这里有艺术的夸张。脸中间从脑门下来有一道纹，在两眼之间的部位折一下，用以加深皱眉的感觉，因为台上关公的眉毛总是拧着皱着，显得很深沉。一般的关公脸谱，脸上都有七颗痣，侯少奎对此做了改革，象征性地只点两个，分别点在左眼眉之间和右眼下的鼻梁边上，更加干净漂亮。"破脸"纹和"痣"构成的图案叫"龙戏珠"，这是侯家脸谱特有的造型和勾法。

《单刀会》，侯少奎饰关公

关公脸中间的这一道纹一直要画下来到嘴侧，这叫"破脸"（旧时都在下巴上画两个叉来破脸）——这里面有个讲究：老辈人说因为关公是神，不是凡夫俗子可以随便扮的。如果关老爷对此生气，舞台上就会出现意外，比如演员受伤什么的。而勾了这一道，脸"破"了，这就不是真的关老爷了，说明是演员在演关老爷，就不会惹关公生气了。这就是个讲究儿，说明戏曲行里对老爷戏的重视。以前的演员在演老爷戏之前，要在后台拜关公，磕头烧香，请关老爷保佑顺利演好这出戏。侯永奎演关公一般是一早儿到后台，扮上了戏就不随便聊天，喝点水后默默戏，提前进入角色。侯少奎现在演也如此，演出的头一天洗个澡，沐浴净身表示对关老爷的一种尊重；演戏的当天也是提前去后台扮戏准备，从来不多说话。

戏箱里关公的行头是特制的，穿戴非常讲究，很有气派，让人看了有肃然起敬之感。

关公的盔头叫夫子巾，《斩华雄》中所戴的是改良夫子巾，造型较简单，那时的关公追随未发迹的刘备，在曹操手下还只是一个小小的马弓手。关公《古城会》、《刀会》、《水淹七军》等剧中戴的都是夫子巾，用黄绒球装饰。关公头上的绒球颜色有两种：杏黄色和明黄色。明黄色特用于关公的身份变高之后，如《刀会》和《水淹七军》等。

关公穿的靠（即盔甲）是绿靠，也叫关公靠，用金线绣成。演《刀会》时外罩绿团龙蟒，蟒服下摆用平金绣出光泽度很亮的全套海水江牙，非常大方气派。在《水淹七军》中，关公因为身份变高，亦可穿杏黄靠。

关公下身穿金线绣麒麟纹的红彩裤，或者金线绣行龙纹的黄彩裤（身份较高），这个和盔头一样，主要看剧目里关公的身份，脚上的厚底是绿虎头靴。

中国戏曲的装扮讲究鲜明的对比色，红净常常是穿绿色的服装，这样不但在舞台上显得漂亮,也可以体现人物的英雄气。李万春老师曾经跟侯少奎说:"关公这个绿靠红脸的扮相,表示的是'海水托太阳',威仪出众。"

关公的青龙偃月刀比一般道具用刀大很多,包括最上面的刀头、中间的刀杆和后面的刀攥这三部分。刀头是绿纱网盘两条龙,看上去非常威风。演员通常会准备两把这样的刀,一把是摆造型用,大而漂亮,当然要重些,另一把开打用的比较轻。侯少奎始终只用一把比较重的造型刀,虽然这样表演起来比较辛苦,但开打和摆造型都非常漂亮,更能够体现人物。

关公的斗篷有两种,比较常见的是绣花的绿斗篷,如《华容道》《古城会》中用的;另一件就是曹操赠送的红斗篷,里外两面都绣龙。

关公的马鞭也很讲究,在红马鞭上绑上扎绸子的彩球,垂着绸带,一则好看,更重要的是说明这匹马是赤兔宝马。特别说明一下,关公的马鞭是不能随便打的。在戏曲舞台上,有两根马鞭特别讲究,一根是《霸王别姬》中楚霸王项羽的马鞭,另一根就是关公的马鞭了。这两位人物身份很高,他们骑的都是宝马,在舞台表演时绝对不能随便打。

关公是出名的美髯公,他戴的髯口是很长的三髯,一般红净的髯口都比较长,除了关公,还有赵匡胤。根据剧中关公的年龄,髯口分为黑的和黪的两种,为了取其直,选用人发来打制的一般行话就叫"头发三"。

关公髯口的使用技巧很复杂,这里举几个例子:一种叫托髯,用手把中间这缕一挑,再托住,因为是三髯,就用中间的这一缕托,这个技法也用在其他髯口上,就可以用全托。再一种是捋髯,用食指捋三缕髯中边上的一缕。第三种是推髯,即用手的虎口部位将髯口推向旁边。这个动作关公用得比较多,比如念到"鲁肃今日认关公"这一句时,用的就是推髯。还有一种叫耍髯,就是把中间的髯口抓住后耍一圈。还有弹髯,有单有双,一般是用手指捏住髯口边上的两缕,然后把它们弹起来。髯口的技巧还有很多,这里就不一一叙述了。

中国戏曲是讲究传承的,这非常重要,在传承的基础上发展,也是很重要的。只有每一代人都在继承上一代人的基础上有所发展了,戏才会更好看。

据侯永奎讲,以前老一辈演出的时候,身段没有这么多,唱也与现在的有些不同。在这两个方面,侯永奎都在前辈艺术家的基础上,作了一定的丰富和创造。

比如关公单刀赴会的这一叶小舟,过去就上两个摇船的船夫,加上周仓连关公整台一共四人,这样逻辑上是比较合理的,因为是小船嘛。后来侯永奎做了些改

《单刀会》，侯少奎饰关公（2006，摄影吴赣生）

动，变成八面飞虎旗、四个船夫、一个大纛。船上一共有十五个人，细想的话这船就太大了，但艺术是夸张的，这样好看，有舞台美，有气势。

侯少奎非常喜欢《刀会》：一来这是侯永奎的代表剧目，是元杂剧遗存；二来唱念浑厚沉着，身段动作雍容大方；三来侯少奎很崇拜关老爷，关羽身上有很多中国人传统的美德。《刀会》是侯永奎传授给侯少奎的，侯少奎继承并演出至今已有30多年了。除此之外，侯少奎在身段和表演方面还得到了唐韵笙、赵松樵、叶盛长和傅德威等老师们的指点，这才逐步地形成了他自己的演出风格。

过去陶显庭和侯永奎演《刀会》时，关公都是挡着脸出场，到台口才放下袖子亮相。这么做的意思是把关公当成神来演——老戏中神鬼妖魔、恶霸等都是挡脸出场，例如《金钱豹》中的妖怪金钱豹。而侯少奎觉得，单刀赴会时的关公还不是神，出场不应该挡脸。于是就改成四击头放铙出场亮相。关羽是盖世英雄，这个相要亮得庄严、大方、肃穆，要体现出关公的气宇轩昂，胆略过人。前辈们挡脸出场，是按神的感觉来刻画关公，他们的演法不同，所表现的关公形象也是不同的。侯少奎演的关公，神的味道少一些，更加人性化。

关公有几种眼神，有睁眼、微睁眼、眯眼、瞪眼，当然瞪眼就是要杀人了。过去舞台上的关公是基本不睁眼的，侯永奎就曾对侯少奎说过：过去一些老艺人，比如陶显庭、唐益贵、程永龙等，演起关公来都是眯着眼几乎不睁的。但侯永奎说，完全不睁眼也不行，看不见眼神就显不出关公这个人物来。所以侯少奎也改了一些，他表演的时候一般是微睁双眼，这样不损关公的丹凤眼，把他的威含在里面，等激动的时候眼睛突然睁开，眼神亮出来，人物情绪的体现更充分。眼睛是心灵的窗户，眼神和表情配合运用，才可以恰到好处地表现人物的内心。台底下看戏的观众也可以通过观察关公的眼睛，来感受演员对人物的把握，演员的立足点始终应该是表现人物。

最早陶显庭演关公是坐着唱，浑身上下都不动。到了侯永奎，就改成唱一唱动一动，在老戏的基础上发展了一步。而侯少奎除了改动关公出场的挡脸之外，还在唱的时候由周仓在身后配合着，两人一起做出很多漂亮的造型。这样整个《刀会》除了唱有特色以外，视觉效果也好，造型特别震撼，艺术感就更强了。

《刀会》的开场戏称"望水"，即关公赴江东途中，在船头看到江水而感叹，唱［新水令］［驻马听］两支，这是《刀会》的经典部分。

"望水"一段，首先出来的是八个飞虎旗，扮荆州兵士，四个船夫，还有一个打旗的大纛。他们先排斜胡同从上场门出来，然后变正，表示船驶出来。

先出场的是周仓，勾元宝脸，穿黑软靠垫、屁股肩膀子，显得憨直可爱，念"志气凌云贯九霄，周仓今日显英豪。父王要赴单刀会，全凭青龙偃月刀"四句诗交代剧情，手持青龙偃月刀做几个身段，既要显得鲁莽率直，又要有花脸的妩媚。在整个《刀会》里面，耍刀的都是周仓，这才是"关公面前耍大刀"。这个刀头上系一块红绸，一是表示宝刀的珍贵，二是表示礼节说明是去赴宴而不是打仗。

这时关公在上场门内噢一声，所谓"未见其人，先闻其声"，这一声要极有威严。这个"闷帘儿"是侯永奎的特色，一般的"嗯哼"很短，侯永奎把它拉开了，就跟《夜奔》的"啊——嘿——"似的，拉长了之后就显得很有威，也比较文雅，与花脸的猛或者老生的苍老不同。

之后周仓念"俺父王出舱来了"。关公缓步走出亮相后半垂双目，念："波涛滚滚渡江东，独赴单刀孰与同？片帆瞬息西风力，鲁肃今日认关公。"这个念和亮相要显示出关公的儒将气质，这一段是非常有气氛的表演。

戏曲舞台上要表现船上的感觉，每个演员，水手、飞虎旗和大纛都得要一致配合关公的动作，有身段的高低，还有脚下的感觉等，才能显出船在江上。

关公问周仓："船行至哪里？"周仓回答："大江了！"然后关公下令："把船缓缓而行，某要观看江景。"这时关公与周仓配合，第一次走"望水"，抬右腿，右手捋髯，左手指江水，重复三次；第二次走"望水"时，抬左腿，左手理髯，右手指江水，也是重复三次。

在左右反复两次的"望水"中，在颠簸的船上，关羽看见滔滔江水，回想起当年赤壁大战的情形，不觉感慨万千。这时念一句道白"果然是一派江景也"，起唱[新水令]：

> 大江东去浪千叠，趁西风驾着这小舟一叶。才离了九重龙凤阙，早来探千
> 丈虎狼穴。大丈夫心烈，大丈夫心烈，觑着那单刀会赛村社。

以前[新水令]这一段唱中关公的造型较少，后来侯少奎揣摩了关公的性格和他所处的景况，体会他当时的心情，加了很多造型进去，来表现"望水"这一段。

唱"大江"时，关公的手势作上下状，表示小船是在江上走，是不平稳的。在关公手捋髯口时，要注意节奏，一二三下，然后忽然一下定住，接唱"东去浪千叠"句，这个"东"字要翻三个高，唱高音的"$\dot{1}$、$\dot{2}$、$\dot{3}$"，难度比较大，光嗓子好还不够，要注意气息的运用。唱到"去"字的时候，左手捋髯，右手"剑诀指"向前指出，手上要运住劲，要慢而有力，不能稀松。最后一下手指要伸出的时候，眼睛猛地睁开，表现眼前大江的波澜壮阔，体现关公的气势。在唱"浪千叠"时，手势要做得像波浪一样，关公左手理髯，右手作波浪状，周仓也要配合作波浪状，表示两人是在船上，船身随波浪起伏，两人的身形也随之起伏。然后是亮高低相，关公在前为高，周仓在后为低。这个波浪状的目的不止是表示大江波涛滚滚，也是运用地理环境的险恶来寓意关公单刀赴会情势的险恶。"才离了九重龙凤阙，早来探千丈虎狼穴"是说关公刚刚离了自己的驻地，眼前便是龙潭虎穴。"千丈"的"千"字一定要用高音唱，体现此去东吴的凶险。而"大丈夫心烈，大丈夫心烈，觑着那单刀会赛村社"，这段表现关公胸有成竹，"赛村社"的意思就是像逛庙会似的，说关公根本没把鲁肃的鸿门宴当回事，所以最后一句一定要唱出藐视东吴的感觉。

"看这边厢天连着水，那边厢水连着山。想某二十年前隔江斗智，曹兵八十三万人马，屯在赤壁之间，也是这般山水。"这段念白颇有感慨之意，节奏要缓一些，把情绪加进去，有边回忆边诉说的意思，为下面的唱做必要的铺垫。接唱[驻马听]：

> 依旧的水涌山叠，依旧的水涌山叠。好一个年少的周郎恁在何处也，不觉
> 的灰飞烟灭，可怜黄盖暗伤嗟，破曹樯橹，恰又早一时绝，只这鏖兵江水犹然

《单刀会》,侯少奎饰关公,侯宝江饰周仓(2011,摄影吴赣生)

热,好教俺心惨切。(这不是水,)这是那二十年流不尽的英雄血。

　　这段唱念表现关公故地重游,看到山水未改,回想赤壁鏖兵仿佛还在眼前,可英雄已逝,心内不免怅惜。

　　唱"这是那二十年流不尽的英雄血"一句,侯永奎的处理是周仓跪下,关公把腿蹬在周仓腿上唱。侯少奎觉得这样还是显得有点温,情绪表达不够强烈,就给改掉了,因为前面已经唱了两大段了,而且念的很多,到最后一句要给观众一个很圆满的句号——这个句号就是"这是那二十年流不尽的英雄血"一句,要点出人物的情绪。侯少奎觉得周仓得好好衬托,加点动作,还要有锣鼓。当关公唱"好叫俺心惨切"的时候,他触景生情,感慨万千。这时周仓说"好水啊",用走马锣鼓,关公接"这不是水"用一个造型,前面是关老爷,后边是周仓配合。"这是那二十年流……"加重用"流"字做文章,将"流"字拉了很长的腔,同时配合手作波浪状,眼望江水,表达出关公的感慨之意。演到这里,观众总是会爆发出热烈的掌声。

　　船到东吴江岸以后,关公有一个造型,捋髯、推髯看东吴江岸,显出他的气魄,表示他已经做好了一定的准备了,对付鲁肃的计谋胸有成竹。

　　接着是鲁肃上场,迎关公下船。鲁肃由老生扮,要显得老成持重,貌似恭谨,在眼神中表现其胸中韬略,不过眼神也不可以太活,眼珠子滴溜溜乱转那就是坏蛋而不是"忠厚长者"了。鲁肃整冠捋髯,然后上船。这个动作一定要有上船的感觉,鲁肃一上船，他要往下矮身，表示船头沉一下，其他人要往上涨，表示船尾扬了一下。这些细小的动作都得有，感觉才真实。

关公和鲁肃拱手施礼，寒暄一番之后鲁肃故作镇静，邀请赴会，开口大笑。这时关公是一种含着的笑，表示心里明白鲁肃的计谋。鲁肃请他下船，关公对周仓示意，看看跳板稳不稳，周仓看看无事，关公下船。鲁肃紧跟，周仓用刀一拦，意思是让鲁肃靠边，不能跟在关公的后边，吓了鲁肃一跳，忙往后闪，周仓用曲步抱刀下船，鲁肃这才跟着下船。这种小地方的戏非常重要，一定要交代出来。然后是关公的船返航，留下关公和周仓在江东。

这时鲁肃先在江边举行仪式为关公接风，说："君侯驾到，先饮三杯御寒。"关公欣然接受说"使得"，但是在鲁肃递过头杯酒的时候用"主不吃则客不饮"来应付，鲁肃劝酒失败。这算是两人第一回合过招，彼此心知肚明，相互笑笑，缓解紧张的气氛，然后鲁肃只得自己把酒给喝了。这时关公的笑是一种皮笑肉不笑，要眯着眼，脸上两颊的肌肉要向上挑，笑的声音也要含着，不可以开怀大笑。二杯时，关公又借口"酒不饮单"，把杯子推回去，鲁肃无奈，只好又把酒喝了。这时关公的笑有点真了，大概意思是你鲁肃这三番四次的，也不容易啊。到鲁肃拿第三杯来"奉敬君侯"时，关公一下子就把酒接过来了。

当然关公不是要乖乖把酒喝掉，他是要借这杯酒发挥发挥，给鲁肃一个下马威。问鲁肃："大夫，可知某家刀——"左手一指，周仓上前一步，右手戳刀，左手抽去刀上裹的红绸。青龙偃月刀亮出来，鲁肃吃惊而后退一步，三人的动作在同一记小锣上，而观众的视线自然集中到刀上。关公接着说："——也会饮酒？"鲁肃不知道他要要什么花样，只好敷衍说"名将必有宝刀"。关公念："看刀！"周仓用炸音念"啊！"起大刀花在鲁肃头顶扫过，鲁肃一矮身，右翻袖护头，左手拍胸，面色惊惧，全身战栗。此时周仓的大刀正横在关公面前，刀口向外。

关公看看时机成熟，就祭刀："刀吓，刀！想你在万马军中，取上将首级，就如探囊取物一般。今日鲁大夫请某过江赴会，席前若有不平之事，少不得劳你一劳！先饮一杯！"将酒浇在刀上。周仓把刀收回，用靠甲的下片擦拭刀头，显得这把刀的重要。这一连串的动作，关公有两个用意：一是警告鲁肃，你不要轻举妄动，我的刀可是厉害的；第二是用刀试酒，看酒里有没有毒。这期间关公要有眼神的运用，因为他这一席话虽然是抚刀而言，实际却是在说给鲁肃听的，所以他眼睛要斜着观察鲁肃的反应。

侯少奎这个"刀"字的字音拉得也很长,有直冲云霄的感觉,给予对方震撼——这里是侯少奎自己的改动,这样念更有气氛,观众也认可。

行话所谓"千金念白四两唱",指戏曲舞台上的念是非常重要的。念白嘴皮子要有功夫,要念得像吃崩豆似的清楚,不但要让人听到耳朵里,更要进到心里。这时舞台上的鲁肃会有所震动,台底下的观众也会因为关公的神威暗暗为鲁肃捏一把汗,很期待看剧情接下来会怎么发展,想看看两个人再怎么样明着暗着交手。这段"祭刀"在《刀会》中是很重要的一环,即所谓"戏眼",三个人在台上一定要咬得紧,行话叫做"一棵菜",即演员之间配合默契,珠联璧合。一定要演出紧张气氛来,这才吸引人。

接着,鲁肃把关公引进大帐。这里侯永奎也有个处理,是关公进帐前,上四个东吴的靠将走一过场,这也是一种渲染和衬托,有伏兵之意,老戏没有这些东西,是新加的。

分宾主落座后,鲁肃就问:"君侯,你我哪里一别,直至如今?"关公答道:"你我当阳一别,直至如今。"鲁肃:"哦,当阳。想光阴似骏马加鞭,日月如落花流水,去得好疾也。"关公回答:"果然去得好疾也。"唱[胡十八]:"想古今立勋业,哪里有舜五人、汉三杰,两朝相隔只这数年别,不复能够会也。恰又早这般老也。"关羽这时托着自己已经有点变白的胡子感慨万端,这么多年一晃,自己已经老了。这时鲁肃说:"君侯不老,鲁肃倒已经苍老了。"关公说:"皆然。"意思是咱们都老了。二人叙着旧,对于时光的流逝都颇感慨,于是都笑了起来,气氛缓和,一扫刚才江边的紧张。关公继续唱[胡十八]:"开怀来,饮数杯。"鲁肃举杯劝酒,唱道:"请开怀,饮数杯。"关公接道:"某只待尽兴儿可便醉也。"

这时双方都喝得很高兴,老谋的鲁肃提出:"君侯五关斩将,千里独行,鲁肃只是耳闻,不曾目睹,今请君侯细说一遍,下官洗耳恭听。"这时关公便讲:"大夫,想某这些事,闻者倒也平常,见者却已惊人,大夫如不嫌絮烦,待某出得席去,手舞足蹈,说与大夫听。"鲁肃高兴地讲:"愿闻。"关公就让周仓帮忙卸袍,两人下场。关公脱去了蟒,只穿里面的软靠,再上场的时候身上要运着气,让人感觉关公虽然有了些年纪,但老当益壮,威风不减当年。

关公开始讲述当时的情景:"那时某出得城去,那日色刚刚乍午。"动作是左手捋髯,右手抬起,脚下丁字步站好。唱[沽美酒]:"只听得韵悠悠画角绝,韵悠悠画角绝。昏惨惨日得这西斜。曹丞相满捧着香醪,他自将来,某只待在马上接。"这一段说的就是"灞桥挑袍"的故事。这时关公的动作是双手交错往后退，然后双手做波浪式到台的上场门的前方，右手比划曹操端酒的姿势，抬右腿，右手拍腿，前弓后箭，左右手弹腕式，亮相。这时鲁肃问："那时曹丞相赠与君侯何物？"关公答："红锦战袍。要赚某下马。"鲁肃问："那时君侯可曾下马？"关公说："那时某在马上一躬，说道：'恕关某不下马者！'"唱[沽美酒]："某就卒律律，刀挑了锦征袍，某只待去也。"

　　鲁肃接着问："挑了征袍又行至哪里？"关答："古城。"鲁肃问："那时与令兄令弟，自然是相会着了。"关公说："俺大哥、三弟俱站在城楼之上。"鲁肃问："令兄玄德公可有言语？"关羽说："俺大哥乃仁德之君，一言不发。"因为是提刘备的名字，要讲得严肃恭谨些，也是模拟刘备说话的口气。鲁肃又问："那三将军呢？"关公说："俺三弟乃是一员虎将，他就说道：'呀呔，我把你这红脸的！你既降曹又来则甚？'"这时要换花脸声口，念出张飞的火暴脾气。鲁肃接着问："那时君侯说些什么？"关公急道："那时某百般样地分说，他只是不信，他只是不信哪！"这几句要念得快一点，但是不能太急躁，要念出焦急而无奈的感觉。唱[太平令]："哎呀大夫，好叫某浑身是口，怎样地分说。脑背后将军猛烈，那素白旗上他就明明得这标写。"

　　原先老一辈演时当唱到"哎呀大夫，好叫某浑身是口怎样地的分说"时，关公的动作是把鲁肃的两个袍袖抓住，然后抓左袍袖一下，抓右袍袖一下，意思是关公早已知道鲁肃在袍袖内放进两只信鸽，他抓死了两只信鸽，就防止鲁肃放出信鸽招呼接应。侯永奎认为这个演法动作交代得不清楚，台下根本看不明白意思。就改成左右手的动作，指身上有很多口也难以分辨，正和前面的叙述相吻合，侯少奎后来也是按照侯永奎的身段演的。

　　鲁肃接问："标写什么？"关公说："蔡阳。"鲁肃作惊讶状："蔡阳？蔡阳与君侯无仇哇。"关公解释："只因在东岭关斩了他外甥秦琪，故而前来复仇。"鲁肃说："噢！原来如此。"关公在叙说情况时，要模拟当时每个人说话的口气，特别是要用花脸的炸音来学张飞说话，因此演员一定要懂得净行的发声方法。

　　关公接着讲后面的事情："某就说道：三弟快将城门打开，将二位皇嫂车辆接进城去，助俺一支人马待俺立斩蔡阳。俺三弟说道：你把此话来哄谁？俺今开了城门，岂不被你杀个里应外合。"鲁肃向关公说："三将军说得是啊，那时君侯便怎么样？"关羽说："那时吾恼得性儿，说道三弟！那城门，也不用你开；人马，也不用你助；念桃园结义份上，助俺三通战鼓，待俺立斩蔡阳。"鲁肃再问："那时三将军可

116

曾应允?"关羽模拟张飞的口气:"俺三弟他就拍掌,哈哈哈哈说这个使得。"这笑声就是净行的笑法了,要笑得豪放,跟关公自己的含着的笑不一样。鲁肃再问:"那时君侯便怎么样?"关羽道:"那时某将二位皇嫂车辆,我就攥在一旁,说道三弟擂鼓者!"接唱[太平令]:"只听得,扑通通,鼓声儿未绝;忽喇喇,征鞍上骤也;卒律律,刀过处似血;咔嚓,人头儿落也。"

这时三人要一同舞起来,周仓做配合,当唱到"刀过处似血",周仓耍大刀花,"咔嚓"时在鲁肃头上削过,鲁肃右翻袖护头,关公脚下做倒步,理髯,左手指鲁肃,然后三人一排亮相。鲁肃这时作惊魂未定状,但还是勉强定神,接着关公说:"斩了蔡阳,弟兄们自然是相会着了。"随后表情放松,说:"那时俺三弟将城门大开,将二位皇嫂车辆接进城去,俺弟兄三人挽手而行。"接唱[太平令]:"才得个兄弟哥哥们欢悦。"说完,双方大笑,进位安坐。这里的关公是真笑,因为他在这一回合又赢了,而鲁肃却是勉强赔笑,不得不笑,也是放松自己的意思。

这段故事《三国演义》里面也有,大家耳熟能详,情节上没什么特别新鲜的,所以演员们演起来一定不能瘟,要演出关公的英雄气概,周仓的粗中有细,鲁肃的装傻和算计,他们的内心活动也要演出来,才能让人看着觉得有戏。特别是扮关公的演员,卸袍之后,载歌载舞演述辞曹归汉、过关斩将的过程,身段要做得雍容大方,气度表现得潇洒恢弘,才能使观众有美的享受。

接下来鲁肃拿刚才的事做文章来问关公:"敢问君侯,方才这节事叫做什么?"关公答道:"以德报德,以直报怨。"这下鲁肃终于拿住了机会,面带喜色:"着哇,好个以德报德,以直报怨。我想借物不还,谓之怨也。"这时鲁肃有一段大的念白,夸奖关公,"仁、义、礼、智"俱全,单单缺少一个"信"字。这长篇大论,明褒暗贬,含迂回试探之意,很考验演员对人物的理解。关公对这个"失信"的指控很敏感,身形没有大动,用表情表现出暗怒,道:"我关某从不失信于人。"鲁肃见他恼了,慢悠悠地说:"君侯不曾失信于人,令兄玄德公却失信于下官。"关公大怒曰:"俺大哥乃仁德之君,岂肯失信与汝!"意思你是什么人,居然敢说我大哥的不是!鲁肃于是把刘备借荆州的往事提出来,慢条斯理地提醒关公这就是令兄刘玄德失信。

关公在听鲁肃念白的时候,不是毫无反应的,应该给人感觉关公这儿压着火哪。戏演到这会儿,鲁肃的鸿门宴才算是真正摆到了桌面上。

关公心知肚明,又故意发问:"今日请某饮酒,还是索取荆州?"他要逼鲁肃撕破脸,鲁肃这时候也不客气:"这酒么,是要饮;这荆州,也得还哪!"好像很有把握的样子,你关羽今天非把荆州还我不可。关公大怒,"啪"地一拍桌子,摆一个造型,这个造型老前辈都有的,就是边将髯边从左前巡视到右前方,是一个过渡,表示强压怒火。一般演老爷戏,为了显示关公的威严,不怎么晃动盔头。演《训子》的时候,关公盔头上的绒球是丝毫不能动的,《刀会》的时候也只能轻微地动,如果盔头大动就会被叫做"疯老爷"。不过恰到好处地动一些是可以的,表示老爷真的是生气了。

关公闷哼了一声,开唱[庆东原]:"我把恁真心儿待,恁将这筵宴来设。攀今吊古分什么枝叶,在某跟前使不得之乎者也、诗云和那子曰。"鲁肃还要强调:"荆州乃是吾主的。"关公手一指他,大喝:"少讲!"唱:"但开言管叫你剐口结舌。"鲁肃分辩道:"孙刘结亲,本为两国合好。"他提到刘备招亲的事情,人人都知道这是周瑜使的坏,想扣着刘备要回荆州,顺便灭了刘备。要不是诸葛亮有谋,赵子龙有勇,刘备就兴许回不来了,关羽能不生气嘛。大喝:"却又来!"接唱[庆东原]:"有义孙刘目下反成做吴越。"

这时关公暗暗用手指弹剑鞘,剑在鞘内发出响声。鲁肃问:"什么响?"关公讲:"剑响。"鲁肃又问:"主何吉凶?"关公:"人头落地。"鲁肃:"几次了?"关公说:"三次了。第一,熊虎。第二卞喜。这第三——"前面的问答节奏非常快,但是这里要慢一点故意拖一下音,关公斜眼看着鲁肃,看到鲁肃脸上惊疑不定的神情,语气肯定地说:"嗯,莫非轮到大夫你了!"

这时鲁肃知道关公这是在武力威胁,赶紧服软说:"下官与它无仇哇。"关公念:"听者,此剑神威不可挡,庙堂之上岂寻常。席前提起荆州事,一剑管叫你子敬亡。"最后一句念得斩钉截铁,表示不是说着玩的。唱[雁儿落带得胜令]:"凭着恁三寸不烂舌,休恼俺三尺无情铁。此剑,饥餐上将头,渴饮那仇人血。龙在鞘中蛰,虎向座间歇。今日个故友们重相见,休叫俺弟兄们相间别。子敬听者,心下休惊怯,畅好日西斜。"这时,关公右手持剑,左手抓住鲁肃的玉带。周仓也在背后数次持刀向鲁肃作威胁状,每次都被关公用剑将刀架开。鲁肃害怕而发抖,试探着说:"君侯,敢是醉了不成?"关公觉得戏做到这个份上该收场了,于是顺水推舟,摇晃身体,假装醉了,叫周仓说:"吾当酒醉也。"把鲁肃推开。

鲁肃以为关公真的醉了,就放心大胆叫伏兵。关公持剑,让周仓把鲁肃"抓将过来"!他扣住鲁肃的左手,厉声质问道:"可有埋伏?"鲁肃急忙撒谎:"并无埋伏。"可是伏兵收到信号,已经从两边跑出来了,被周仓手持大刀挡住。于是关公说:"并无埋伏?你看哪!"唱[搅筝琶]:"恰怎生闹吵吵把三军列,有谁人把俺挡拦者?挡着俺呵,管叫你剑下身亡,目前见血。恁便有张仪口、蒯通舌,哪里去躲藏者,恁且来、来、来,好好送某到船上,和你慢慢别。"

关公拽着鲁肃,周仓持大刀跟着,三人一起走一个圆场,表示离开营帐来到江边,关平的接应船队已经到了。关公拽着鲁肃来到船边,东吴将士谁也不敢上前,就这样关公平安返回到了船上,松手放鲁肃回去。上船后关公假意对鲁肃说:"请大夫过船谢宴。"鲁肃把头摇得像拨浪鼓,回答:"下官再也不敢过船去了。"周仓叫道:"谅你也不敢!待俺砍断缆索。"他一刀砍了缆绳,使船离岸。关公毕竟还是礼数周全些,道:"大夫,受惊了!"当然也不无调侃之意。鲁肃狼狈地说:"好说好说。"

关公在船上最后警告鲁肃,唱[搅筝琶]:"承款待,多多谢。某有两句话儿,恁可也牢牢的记者。百忙里称不得老兄心,急切里夺不得汉家基业!"这个"汉"字侯少奎强调了,唱满台,加双锣,"基业"二字侯少奎又高八度给翻上去了。

关公在九龙口向鲁肃拱手作别,鲁肃还礼。关公、关平、周仓一齐在船头四击头亮相,然后转身由上场门下,这时锣鼓声慢慢变轻,表示兵士们开船,往荆州而去。江边的鲁肃懊恼不已,而东吴众将也毫无办法,只得望江长叹。

关于剧中的熊虎和卞喜,李洪春老师看过之后托人带话给侯少奎,说演得不对,应该是说第一斩颜良,第二诛文丑。

斩颜良、诛文丑是《三国演义》里的重要情节,妇孺皆知,但是昆曲舞台上的《刀会》这么多年都是这样演的,于是侯少奎就去查了老的曲本,发现唱得没有错。但是李洪春老师是京剧的"活关公",他的意见不能不重视,于是侯少奎又去请教吴晓铃先生。吴晓铃是戏曲专家,在这个问题上比较有发言权。吴先生告诉侯少奎,熊虎和卞喜是关公用剑斩的,而颜良和文丑是用青龙刀斩的,在《刀会》里关公用宝剑威胁鲁肃,显然只会提熊虎和卞喜。后来吴先生又在《戏剧电影》报上发表了一篇文章,说明了这个问题。

侯少奎觉得演员毕竟不可能是全才,遇到自己不明白的事,请教老前辈,从专业人士那里得到意见,这样对观众才更负责,演起来也更踏实。

"一出《单刀会》,风流二代人。"如今因侯少奎年纪大了,舞台上侯少奎一般只演《刀会》"望水"片段。每当侯少奎唱起"大江东去浪千叠"句时,观众总会爆发热烈的掌声。

在"老爷戏"里,昆曲里的《刀会》,《刀会》里的"关公"无疑当属侯氏父子最佳,是"侯三出"中最经典的一出。客观地说,这主要得益于侯氏父子的身材、嗓音和扮相。就"关公"的形象而言,对演员外形有相当苛刻的要求。历史上许多昆曲武生、老生包括花脸等行当的演员都曾扮过关公,成功者少,确实是"祖师爷不赏饭",天生条件不太好。对演员来说,演《刀会》,扮关公还有一难,就是太年轻不成,《刀会》演的是气势,关公讲究的是工架和威严,演员需要一定的年龄感。和《夜奔》不同,林冲是个很吃功的形象,如果演员年龄大,演起来会很吃力,效果会打折扣,加上林冲是俊扮,如果演员年龄大,脸上会表现得非常明显。一般来说,凡演《刀会》扮关公者,都要在 50 岁以后才能有感觉。年轻时也就是找感觉,走身段,这对演员来说很残酷。《刀会》是综合检验大武生行当的一出戏,身材、嗓音、扮相、年龄、气势等,还要求演员对舞台上关公专用的脸谱、服饰等有相当精到的了解和运用,没出处不行,错一点不成。所以说,在"侯三出"里,《刀会》是最难的。

2011 年在北昆举办的"百年风华——昆曲大师侯永奎先生诞辰 100 周年纪念演出"活动上,侯少奎以 72 岁高龄再次披挂上阵登台出演《单刀会》"望水"片断,其"美髯关"关公形象博得梅兰芳大剧院在场观众阵阵掌声,全场沸腾。

2012 年在第五届中国昆剧艺术节"名家传戏——当代昆曲名家收徒传艺工程启动仪式"上,文化部以"国拜"的形式为侯少奎指定了北方昆曲剧院 41 岁的优秀武生演员杨帆为其《单刀会》关公的传承人之一。杨帆 1982 年入北方昆曲剧院学员班从事武生行当,30 多年来系统地学演了"侯三出"等侯派武生剧目。此外,北方昆曲剧院的海军,江苏省昆剧院的孙晶、曹志威等都曾先后问艺于侯少奎,侯派《单刀会》后继有人。

三、"大丈夫满腔热血与世共忧"——《千里送京娘》

昆曲《千里送京娘》讲述的是赵匡胤在逃难途中救得村女赵京娘,与她结成兄妹并护送其回家的故事。剧中赵京娘见赵匡胤光明磊落,器宇不凡,便产生爱慕之情,欲以身相许,并在途中多次试探。但赵匡胤志在平定天下,不想被儿女之情牵绊,到达赵京娘家乡之后,依依惜别。

这出戏现在也有称《风云会·千里送京娘》或《风云会·送京》等,都不准确。此戏与《风云会》没有什么关系,虽然看上去很像传统戏,但实际上是个新编戏。

20 世纪 50 年代,北昆先根据同名地方戏创编了昆曲版小戏。到 60 年代初,在小戏的基础上整理为现在中型戏的样子。剧本改编为秦瑾、石羟、丛兆桓等,导演樊放,作曲陆放,首演是侯永奎和李淑君。全剧无论是情节、曲词、音乐和身段都非常有昆曲味道,格调高雅清新,是一出非常成功的新编戏,特别是两人行路的身段、唱腔非常美,为很多观众所喜爱。《千里送京娘》自 1962 年正式上演以来,深受广大观众好评,被认为是可以与传统折子媲美的新编戏,现在已经是侯派武生代表剧目。

这出戏中赵匡胤的脸谱为红整脸,额头勾阴阳鱼,左眉间勾草龙一条,右眉点一颗珠子,取龙戏珠之意。脸谱是侯永奎根据京剧《斩黄袍》中赵匡胤的脸谱改变而来的。赵匡胤原是老生扮相,搓红脸,额头的阴阳鱼不太大,眉眼基本相似,但是没有勾鼻窝。侯永奎会的武生勾脸戏很多,对勾脸非常有心得,所以对这个脸谱做了不少的改进。经他改进的脸谱提升了赵匡胤的威风,使其眉宇间更显凛凛正气。

在戏曲舞台上,赵匡胤和关公一样都属于红净,但是请注意两个人物的眼睛。关公眯眼的形象是毫无疑问地深入人心了,但是赵匡胤可不能老眯着眼,当时他很年轻,是草莽英雄,将来的皇帝,是一定要睁着眼,靠眼睛来传神,而且这出戏是武生和旦角的对手戏,演员之间要靠眼神相互交流情感。《千里送京娘》是和《林冲夜奔》《单刀会》完全不同的戏,不仅要演出人物的英雄气概,还要把握住人物细腻的内心,要和旦角有情感的交流。

赵匡胤的扮相和穿戴也是由侯永奎研究定制的。赵匡胤戴的大甩发很长,垂下来直到臀部以下。头顶戴一个大面排,圆牌子上缀满珠子,上头还嵌一个杏黄色的大绒球,这个是帝王将相等重要人物在穿武服而不戴盔头时用的,使得勾脸和发饰等很自然地结合成为一体,头部不会显得很秃。髯口是黑三,用人发制成。顺便提一句,关公在《华容道》里戴的也是这个髯口。

赵匡胤身穿绿箭衣,外边斜披一件绿道袍(褶子),穿一半系一半,表示行路的意思。下身红彩裤,脚登黑厚底靴,手使蟠龙棍,持红马鞭。因为这匹马一会儿赵京娘要骑的,所以马鞭的颜色太硬太男性化就不好,红色可以衬托出旦角的柔美,而如果用普通的杂色马鞭,拿到赵匡胤手里既不好看又没气势,所以赵匡胤用大红色的马鞭是比较合适的。

先说说赵匡胤的出场,一定要有非同一般的气势。当时的赵匡胤虽然是亡命天涯,情况比较狼狈,但他不同于凡夫俗子,要让人感觉到此人将来必有一番作为。

如果一出来跟个小毛贼似的,那就不是这个人物了。出场不用通常的四击头,而要用慢撕边。之后连用两个"嘟仓"观察前方,看清楚有没有情况。动作要稳重,不要毛,虽然是逃命,也得有赵匡胤的气势。这是侯永奎及侯少奎经过多年的舞台实践,不断改进后磨出来的,这个亮相能够在很短的时间内奠定角色形象。

赵匡胤出场前先搭架子喊"马来啊",音调要高亢有力,显出英雄气概。亮相后脚底下压着走,速度慢,但步子大,要走得大气。右手一出马鞭,然后再往回看,心想是不是有人追。虽然是在提防追兵,但要显得沉着、稳当。往回看一下、两下,这是背对观众的,因看不见面部表情,所以要有内在的东西,身上要运着气,气贯全身。看完后再转过身回来,还是不能慌,一手拿马鞭一手持棍,戏曲强调的手、眼、身、法、步,棍到哪儿眼就得到哪儿,否则就没人物了。棍放好后的亮相,腿抬得要高而平,这个亮相必须要稳。接着还是要不慌不忙,然后再看前面。

之后用马鞭缠棍,接着让过髯口。然后走小圆场后亮相,开唱[粉蝶儿]:"野旷天高,极目处野旷天高。叹中原,干戈纷扰。"眼作远眺状,用手示意天下的混战状况,念:"丹心一片凌云霄,可畏风霜义气豪。扫尽人间不平事,全仗蟠龙棍一条。"目视蟠龙棍,显出无所畏惧的豪迈精神。接白口:"俺,玄郎赵匡胤。只因在汴梁城内,抱打不平,杀死土豪,闯下大祸,俺只得逃往关西,创立基业。"要说得非常有豪气,杀的是该杀的人,理直气壮,不能是抖抖嗦嗦交待罪行的样子。然后接唱[粉蝶儿]:"大丈夫创业,志壮气豪。争得个,地动山摇。"这一段整个是赵匡胤的趟马动作,表明自己的雄心壮志。下面赵匡胤再走大圆场,演员的腿上功夫要好,走起来要像风一样,速度快而流畅。这是戏曲里面对大武生基本功的要求:坐如钟,站如松,走如风。

这时耳边传来女子的啼哭"喂——呀——",赵匡胤一愣,锣鼓"吧嗒仓"。这时为了表现赵匡胤惊讶而勒住马,演员要穿着厚底单腿往后蹉。赵匡胤大叫一声"啊!"接唱[粉蝶儿]:"却只听,哭啼啼,悲惨惨,一阵阵送耳梢。"走望门的身段,向斜上方看后念道"清幽观",略思索一下后觉得不妙,说道:"啊呀且住!这古庙之中,为何有女子啼哭之声?待俺下马,要看个明白!"赵匡胤下马、进庙,锣鼓打"叭空来、咣来、以采以个、得咣",这个叫"搜场"。赵匡胤念:"呜呼呀!"找到哭声在青石板下,接唱[粉蝶儿]"蟠龙棍挑起那青石板",扛棍亮相,倒棍后再下去救人,这时后台应该要给个用蟠龙棍把青石板掀开的声音效果。

这头场戏的表演关键是"走边",赵匡胤一出来就要带着情绪,要在人物里表现出赵匡胤的英雄气概和威武的派头,还要适当地表现他是在逃跑途中,情绪把握得必须要恰到好处。当然演员的基本功也非常要紧,身段漂亮,表演到位,观众才能看得舒服。

下面赵京娘出场了。在戏曲舞台上,小生和旦角的戏多,可武生在台上一般都是厮杀打斗,横眉怒目,塑造的英雄形象不算少,可是与旦角的对手戏非常有限,表演起来难免会显得不那么自然。过去侯永奎演《千里送京娘》时连京娘的正眼都不看,顶多用斜眼看一下。这里侯少奎有所发展,觉得赵匡胤虽然是大英雄,但不会是没有感情的人。其实人与人之间都是有感情的,正常的交往一定要有眼神的交流。赵匡胤救了京娘,考虑到她的安全,不远千里送她回去。两人一路上相处了那么久,京娘又是个很好的女孩子,还那么喜欢他,赵匡胤怎能丝毫没有感情呢?所以侯少奎演赵匡胤的时候,开始用正眼看京娘。

赵匡胤用蟠龙棍把京娘救出来。从下场门一起出来,京娘以为碰上了另外一个强盗,吓得直发抖,连呼"大王饶命"。这时赵匡胤接唱[粉蝶儿]:"这女子,战兢兢,呼大王,好生蹊跷。"对京娘说:"不要害怕,我乃是行路之人。"他说话的时候眼神要非常正,让京娘一看就知道他是正人君子,这样京娘就放心了。然后赵匡胤接问:"这一女子,为何藏在青石板下?快快讲来!"赵京娘唱[山坡羊]:"赵京娘,战兢兢,忙拭泪眼,悲切切,哽哽难言。清明扫墓祖坟前,蓦地里,强徒骤至劫我婵娟。孤哀哀被捆在这野寺荒山,京娘誓死不遂贼愿。怕只怕,那二贼归,我就命难全。望求好汉搭救我,搭救我弱女脱难。"赵匡胤一听大为生气,锣鼓打"吧嗒仓"后接念:"好恼!清平世界,朗朗乾坤,抢夺人家女子,这还了得!哼!二贼现在哪里?待我除却此害!"提起棍后抬腿就要去杀强盗。这个动作由于是拔腿就走,右手拖着棍,棍正好会在身后,使京娘一把拉住他的蟠龙棍,说强盗不知所踪,劝他不要再追赶。赵匡胤想想有理,让京娘赶快"逃命去吧"。京娘拜别恩人,转身就走。这时赵匡胤要四下巡视观里有什么情况,京娘出去后发现自己不认路且无处投奔,又回来求赵匡胤帮忙。这时的赵匡胤可为难了,"哎呀"一声开唱[雁儿落]:"弱女遭难,苦情堪怜,怎奈我玄郎也在急难间!"此时赵匡胤的右手有个动作,手在髯口前面,手腕不断抖动,表示非常为难,在思考办法。然后作决定状,锣鼓"空咙"之后接唱[雁儿落]:"见义勇为,方显得英雄汉,哪管他自身危与安,且救人于倒悬。"接着念:"京娘不必啼哭,待我送你回去。"京娘感激而拜,二人出庙后京娘又为难起来,说自己和赵匡胤男女有别,一路上很难应付人家的盘问。赵匡胤想了想,说道:

"啊,京娘,你我俱都姓赵,我有意与你结拜仁义兄妹,你意下如何?"他上前一步,京娘一退,说:"身蒙救命之恩,岂有不愿之理? 兄长请上,受小妹一拜。"这时京娘一进,施礼,赵匡胤道:"愚兄也有一拜。"二人望空一拜,结为兄妹。这一拜是真心实意,情深义重的,千万不能草草了事,演员在把握上要注意。这一进一退,一退一进,又一拜一起之间,赵匡胤的感情与表演就和开始时不一样了。此时京娘已经变成他的小妹妹了,他就要拿出大哥哥的样子来,说:"收拾收拾,你我趱路。"语气要亲切一些。出庙后赵匡胤拉过马来,让京娘上马,自己给她牵马。京娘不会骑马险些摔下,赵匡胤一倒腿后拉住马,提醒她:"小心了。"可马一走,京娘再次差点掉下来,赵匡胤再把马拉住,安慰说:"无妨。"意思是说有哥哥我在你不要担心。赵匡胤小心翼翼地拉着马走,京娘骑在马上。两人做着身段走下,这一场就结束了。

这场戏与赵匡胤头场的感觉完全不一样,头场是交代英雄在逃亡途中,英雄救美女,表演的关键是要强调赵匡胤不光是嫉恶如仇的英雄,更是一个内心善良的英雄,这样的英雄以后才能成就霸业。这种表演上的转换要靠演员的把握,靠演员的理解和表现力才能使观众有深刻的印象。

下面一场上大强盗和二强盗。大强盗勾油白脸,额头和嘴勾红的,眉眼和嘴都故意勾得歪斜一些,显得很邪恶的样子,穿白抱衣抱裤,头戴白罗帽,左鬓还插着一朵大花(戏里头很多强盗或爱女色者都插大花儿),背插朴刀。二强盗是武小花脸扮相,黑花绒帽,黑花抱衣抱裤,戴绒球,背插单刀。两个强盗和四个喽啰商量要去追杀"红脸大汉",把美貌女子抢回来。

京娘手持马鞭上场,唱[泣颜回]:"望断孤云泪涟涟。我吁吁气喘,挽丝缰,跨玉鞍。看兄长虎步龙行,我京娘有福得识英雄。"初步表露她对赵匡胤的好感。曲中,赵匡胤上场,他已经脱了外面的褶子,用棍挑着,走几个用腿表演,即京娘所赞的"虎步龙行"。此时听到后面强盗追来了,赵匡

《千里送京娘》
侯永奎饰赵匡胤,李淑君饰赵京娘(1962)

胤毫不在意,说:"愚兄这条蟠龙棍,打遍天下,怕他何来!"他将褶子扔给京娘,催京娘离开。这时他自己做好了开打的准备,唱[雁儿落]"气腾腾直贯云霄"句,做手势让京娘快走,京娘接过衣服下场。赵匡胤一整甩发,和大小强盗开打,唱完[雁儿落]:"怒冲冲雄心火燎,呼啦啦舞动棍一条,乱纷纷把那强盗如叶扫。"踢强盗抢背,转身亮相。强盗惊慌而逃,赵匡胤追下。

京娘牵马上,把马拴好。她手臂上搭着赵匡胤的衣服,心里起了波澜,唱[楚江吟]:"遥望凝眸,今日得识英雄喜悠悠。他为我,千里奔走,他为我,与群贼厮斗。他真是磊落胸怀,义薄千秋,(我京娘呵)脉脉衷情系心头,却难出口。"边唱边抚摸赵匡胤的衣服,心事不言自明。这时赵匡胤踩着锣鼓点"嗒,哐采哐采哐"出场,叫京娘:"啊,贤妹。"京娘的心完全放在衣服上,还没有回过神来,听到兄长的呼唤,一惊。二人交谈几句,京娘请赵匡胤穿好褶子再赶路,于是演员开始配合穿这件衣服,锣鼓点用"扭丝"。这个穿衣服很麻烦,因为赵匡胤戴着大髯口、甩发,腰里系着大带,千万不能跟服装搅到一块儿去;而旦角的水袖也长,还打着腰包,手动起来也很麻烦。两个演员要配合得非常默契,必须在台下多加练习。赵匡胤先穿上一只袖子再让髯口,然后把衣服的下摆和另一只袖子交给京娘系上。穿好后一整衣,做拉马过来让京娘上马的动作,京娘上马后又差点掉下来,这时赵匡胤把棍递过去让京娘借力,他开唱[梁州第七]:"且上骅骝,何惧那龙潭虎口。(赵玄郎)历尽艰险眉不皱,侠肝义胆,志在解民忧。看青山笑我,壮志未酬。"这一段唱腔是表现赵匡胤有远大的抱负,但现在还没有得以实现。

两人在行路途中,赵匡胤一直急着赶路,而京娘却似乎在欣赏景色,其实是寻找机会向赵匡胤表露心迹。她抬头望见一棵苍松,上面缠着紫藤花,就叫赵匡胤看,说:"苍松之上开着点点紫花。"赵匡胤觉得好笑,回答:"苍松哪有开花之理?"京娘"哦"了一声,好像才明白过来苍松是不开花的,但是她接下来说到重点:"苍松虽好,只是有些美中不足……"赵匡胤听到这话,其实已经有点明白了,但不好说破,只好问京娘:"哪些不足?"京娘唱[滚绣球]:"莫道它蔚蔚入云霞,却少些儿艳丽三春花。妹羡那紫藤花挂满枝杈,花树相伴,堪称潇洒,美满无涯,(兄长)再莫要种松种柏不种花。"京娘边唱边舞,这时赵匡胤也要做身段陪衬,在后面做造型。京娘唱"花树相伴"时自比为花,面对京娘如此的表白,赵匡胤无法回应,只好装傻充愣,一看前面就是山路了,正好岔开话题说:"啊,贤妹,你看,道路崎岖,待愚兄与你牵马。"

赵匡胤不接京娘的话茬儿,还是一门心思赶路,这时京娘表现出不快的情绪,但并不明显。赵匡胤牵着马走,表演时腿的动作要有力度,表现出是在走上山的路。京娘走在山路上,还是想继续试探赵匡胤,她指着吕梁山、青石涧给赵匡胤看,最后把话题引到涧水里的点点落花上,表示自己的心意:"落花有意随流水……"赵匡胤只好马上回绝:"流水无心怜落花。"这句不能念得太横,如果太横的话,小姑娘感情上接受不了,而赵匡胤拒绝的手势也要柔和一些。京娘问为什么,赵匡胤说:"只因它——有奔腾沧海之志!"把自己的志向告诉她。

赵匡胤继续赶路,要过桥时先拉马过去,站在桥的另一头叫京娘过去,京娘有意说自己害怕,赵匡胤说无妨,让她过来。京娘想让赵匡胤拉她,在桥上摇摇晃晃假装要掉下去。赵匡胤不知是计,很着急,小妹要掉下桥去,这可如何是好啊,不能不救啊。他的表情很紧张,这时的动作是"盖一个"、"盖二个"、"盖第三个"时想用手去拉住京娘。所谓男女授受不亲,但这个女孩子对自己有情有义,所以不能轻狂,还必须救人。此时京娘的手在上,赵匡胤的手在下,就在二人的手快要碰到时,赵匡胤把手里的蟠龙棍递给了京娘。京娘当然生气,但情急之下,只好扶住棍。

京娘一生气,情况就有点尴尬,水里传来鸟叫声,把她的注意力吸引过去了。她一看,心里顿时有了主意,指着水面问赵匡胤:"啊,兄长,那是什么鸟?"赵匡胤一看,是鸳鸯,明白了,他也还是老老实实地回答:"一对鸳鸯。"但是心里已经打定主意要拒绝这位义妹的情义。京娘很满意赵匡胤没有识破她,接着说:"鸳鸯鸟,比翼双飞,朝夕相聚,永不分离,甚是可羡!"赵匡胤装作没有注意京娘的表情,说:"是啊!鸳鸯比翼甚是可羡;怎奈它朝夕相聚,沉湎闲情,终难遂鸿鹄之志!"最后这一句要念得非常坚决,再次把自己的志向明确告诉京娘。京娘只好说:"原来如此。"赵匡胤用棍把她引下桥来,提醒她要继续赶路,京娘因为自己的表白都没有被接受,心里有些难受,很不愿意走,于是轻轻地给了赵匡胤一鞭子。

京娘唱[赏花时]:"杨花点点满汀洲,柳丝袅娜垂岸头。春光洋溢春溪水,春意阑珊更惹春愁。水中鸳鸯并翅而游,岸边兄妹并肩而走。却为何有缘邂逅,难谐凤鸾俦?"赵匡胤接唱[逍遥乐]:"杨花点点满汀洲,柳丝袅娜垂岸头。春光点缀山河旧,春意阑珊更惹国愁。云际鸿鹄,展翅翱游,天下英豪,四海奔走。大丈夫,满腔热血与世共忧!"两个曲牌的首句都是"杨花点点满汀洲",两人也都会做身段来使观众体会到春色,而两人对着这同样的春光,所思所想却迥然不同。京娘亦步亦趋,不时做小儿女态,春光惹起的是她的"春愁"。她望着赵匡胤,想着自己对爱情的期待,惆怅这感情没有结果;而赵匡胤眼里的春光则使他心怀"国愁",他在唱胸怀和大志。赵匡胤和京娘两人边唱边舞,身段十分优美,演员做身段和表情时一定要契合唱词表达的情绪。演员之间的交流也要恰到好处。比如这段唱中京娘有类似卧鱼的动作,回头去看赵匡胤,但是一看到,就赶紧把脸转回来。而赵匡胤也是一样,一边舞的时候如果跟京娘有眼神的接触则赶快回避,两人的眼神不能长时间接触。

两人走圆场完毕,开始对唱[货郎儿五转]:"(赵匡胤)阴云起,晴光收,(京娘)看双双晚燕归南楼。(赵匡胤)忙加鞭,山雨骤,(京娘)对对鸳鸯,对对鸳鸯各自投。(赵匡胤)莫管它莺友燕友,(京娘)妹羡它情稠意稠。哎呀!(赵匡胤)要提防路滑山径陡。(京娘)形影相随千里送,(赵匡胤)娇莺鸿鹄紧相从。此情此景添惶恐,(京娘)莫道他无情却有情。(赵匡胤)走一程,(京娘)又一程,雨洗山光一片青。家乡将近意未尽,无限离愁未了情。"这段唱是一人一句,两人一定要接得好,行话叫"咬得紧",一气呵成才好。这其中还有个插曲,就是京娘喊"哎呀"的那一句,马走山路打滑,她做一个差点摔倒的动作,这时赵匡胤要单腿勒马,如果演员腿上功夫好,就要保持单腿的姿势原地一圈,跟着京娘的圆场一起,表示为她牢牢带住马匹的意思。侯永奎是这样做,侯少奎年轻的时候也是,因为穿着厚底靴,这样的原地一圈非常见功夫,一定是可堂儿的好声。这时候两人已经接近京娘的家乡了,告别就在眼前,京娘又惆怅起来。

再走一会儿,京娘下马说"家乡已至",请赵匡胤和她一起回家面见父母亲,赵匡胤当然不肯。京娘说既然结拜了兄妹,怎么可以不见爹娘呢?理由充分,赵匡胤十分为难,要想个办法拒绝,就把自己的情况说了出来:"这个……我实对你说了吧!只因在汴梁城内,抱打不平,闯下大祸,俺今进得庄去,恐怕连累你家爹娘,有些不便。"这也是为义妹和她家人考虑。因为赵匡胤把这么重要的事吐露出来了,心里很矛盾,所以说话速度很快。这里就要看演员嘴皮子的基本功了,要说得又快又清楚。可京娘执意要让赵匡胤去她家,赵匡胤只好说:"愚兄决然不去了。你我就此分别了吧!"京娘看赵匡胤态度十分坚决,只好接受即将分别的现实。她叹道:"也罢。兄长千里相送,恩情未尽,待小妹送你一程。"她也很坚决,赵匡胤推辞不过,只好说:"如此——有劳贤妹——"这句话侯永奎吸收了京剧《霸王别姬》中项羽"如此——有劳妃子——"的念法,显得尤为情深义重。

然后赵匡胤要去拉马,京娘阻止他,自己去给他拉马,赵匡胤心里开始不好受了。马拉过来，两人并肩而走，就离得近一些了，但还是不能挨上。眼睛相互看也要有所变化，彼此有些惦念留恋。京娘唱[煞尾]："只恨千里途程短，也是别离太匆匆。万里鹏程多珍重，(兄长啊!)切莫忘，关西有人悬望中!"这时京娘一下扑到赵匡胤跟前，赵匡胤忙用棍支住她，在"悬望中"三字的时候，京娘一下就跪下了。这时赵匡胤也觉得心酸，连忙把她搀起。两人这一分别，不知何时何地才能再见面了，所以两人都很难受。但这时赵匡胤的表演还是尽量在回避京娘的感情，京娘哭着看赵匡胤伸手去拉马，却又拦住，舍不得让他走。最后无奈，京娘用颤抖的手把马鞭给他，赵匡胤拉过马就要走，这时京娘又拽住他的棍，两人又一对眼神，京娘再哭。再硬的汉子此情此景也很难控制住自己的感情，这时的赵匡胤眼里也应该含着泪，他安慰京娘说"你我后会有期"，意思是打下江山再来接她。这句后面两人的表演都有潜台词，嘴上不说但要表演出来，相互之间眼神的意思是：京娘问此话可当真，赵匡胤点头；京娘问没骗她吗，赵匡胤摇头表示没骗她，将来打下江山一定来接她。京娘看看赵匡胤又看看棍，锣鼓"仓"的一声，她把棍一撒，表示你走吧。她就转身哭了起来。赵匡胤念："贤妹，你要保重了!"念得要深沉，表示心情沉重，是嘱咐她保重，也是决然的告别之辞，所以最后一个字是高音，是下了决心了。赵匡胤上马，上马的动作很大，也暗指内心的激烈活动，上马后的几秒还要保持纹丝不动，这里的静和前面的动对比，营造出一种悲剧气氛。再最后看京娘一眼，然后毅然决然挥鞭而去。

《千里送京娘》这出戏之所以好看，就是因为戏里有恩——救命之恩；有情——爱慕之情；有义——平定天下、安居百姓之义。这个戏演的是情，京娘似海深情；唱的是义，赵匡胤舍情取义。一个是动情，一个是动情但不恋情。这在传统的英雄戏中非常独特，非常经典，非常感人。千里相送，终有一别，这出戏名字叫《千里送京娘》，戏的很大篇幅在"千里相送"上，但是核心却在"千里相送，不得不别"里。赵匡胤在乱世之中，犹能心忧天下；处困境之内，不忘见义勇为；对美色不乱其心，虽遇痴情但不改其志。赵匡胤并非无情，他虽是落难之身，可还心怀冲天之志，故对京娘以礼相守，以情相敬，谢绝了京娘的恋情，最后依依惜别。这样的戏，这样的人物，这样的情感，演完一定会让观众流泪，演员自己心里也是酸的。演到这个份儿上，就对了，舞台上就成功了。

《千里送京娘》50年来久演不衰，直到今天仍在上演，是北昆成立55年来最成功的新编古装戏，以至成为"不是传统戏的传统戏"，被全国昆曲院团学演。

《千里送京娘》的成功首先是题材选择的成功。戏曲作品的题材大都具有历史文化传承性，无论是文化传承还是文学传承，因为戏曲是传统文化的一个重要组成部分，人们熟悉的历史文化题材无疑是戏曲的"天然"题材。昆曲《千里送京娘》正是选择了这个"天然"题材，达到了"未成曲调先有情"的效果。这在很大程度上得益于地方戏先行的艺术实践。昆曲《千里送京娘》的创作者们正是在地方戏的基础上，才创作出了这出戏。地方戏为昆曲《千里送京娘》题材的再创作提供了"有源之水"、"有本之木"。历史上，许多优秀经典的戏曲剧目大都是从地方戏中汲取营养，进行再创作，并达到了一定高峰。昆曲《千里送京娘》也是这样，从宋代赵匡胤这个历史原型，再到明代小说《警世通言》的有关描写，再到清代戏曲剧本选集《缀白裘》中的记载，再到现当代淮剧、潮剧的《千里送京娘》等，其文化的传承、题材的传承以及受地方戏剧的影响等一脉相承的创作轨迹清晰可见。昆曲是一种文化底蕴很深的剧种，显然，在创作上有选择地对文化历史长河中留下来的一些题材进行筛选、改造和提炼，较之"平地抠饼"更容易成功，更能达到"事半功倍"的艺术效果。

题材确定了，下步就是主题了。主题就是作品的思想内容，是原封不动，还是在传统的基础上进行创新，昆曲《千里送京娘》选择了后者。在冯梦龙的短篇小说集《警世通言》中，作品主题是把赵匡胤当做真命天子"宋太祖"来写的，一切都是上天的安排。而在昆曲《千里送京娘》中，作品主题是把赵匡胤当作一个"被人追杀"的英雄，一个"仗义救人"的英雄，一个"胸怀大志"的英雄，一个"遇痴情但不改其志"的英雄来写的。主题的改变使得赵匡胤形象更加高大，更加有性格，更加令人崇敬和可信可爱，同时也为赵匡胤以后在"逃跑"的路上"英雄救美"、"不乱其心"作了铺垫。

题材和主题之后就是情节了。刘勰在《文心雕龙》中说"剪截浮词谓之裁"。李渔在《曲话》中也写道："编戏犹如裁衣，其初则以完全者剪碎，其后又以剪碎者凑成。剪碎易，凑成难。凑成之功，全在针线紧密，一节偶疏，全篇之破绽出矣。"

《千里送京娘》根据昆曲的特点，不仅裁去了原作中许多封建的内容，而且还裁去了原作中许多不必要的情节，不仅没有露出破绽，而且是天衣无缝。例如：在小说中赵匡胤杀张广儿（昆曲中叫张广）和周进，是大书特书的。小说先写赵匡胤杀了店小二夫妇、野火儿姚旺，然后大战周进，杀死了他；接着又用了相当大的篇幅描写了赵匡胤杀死张广儿和收千里脚陈名的过程。昆曲作者只利用了赵匡胤杀败张广、周进这一情节核心，而且巧妙地处理了这一情节，使它很好地为表现这个戏的主题思想服务。他让张广、周进急急地追上场来，与赵匡胤稍稍开打，立即落荒而逃，赵匡胤紧紧追下场去，然后是京娘牵马上场。那些炽烈的打斗场面都被挪到舞台以外，通过京娘的张望，留给观众去想象了。该剧用了最经济的笔墨，却最有力地表现出了这两个人物：一个是英雄豪迈，一个是儿女多情。于是戏中两个不同人物不同的内心世界，在这里便开始展现了，而新的戏剧性的矛盾也就产生了。

昆曲《千里送京娘》赵匡胤角色是武生应功的。一般来讲，昆曲传统武生戏中是很少有"谈情说爱"的情节，不是打就是杀，而昆曲《千里送京娘》则不同，在情节设计上淡化了"武"，把"打和杀"放到了幕后，浓墨重笔地加进了许多情感元素，使之成为一部缠绵的情感戏，这也是该剧成功和好看的重要因素。特别是赵匡胤和京娘的情感，各不相同，非常含蓄，符合中国传统文化道德的规范。

传统戏曲舞台上的"英雄戏"很少出现女性，如昆曲《刀会》和《夜奔》等，即便"英雄戏"中出现了女性，一般也是按反面人物或次要人物描写的，如昆曲《义侠记》中的潘金莲，武松是正面人物，而潘金莲则是衬托武松的反面人物。而昆曲《千里送京娘》则大大的不同，剧中的赵匡胤和京娘同是正面人物，相互衬托，互为依存，甚至京娘的戏份有时比赵匡胤更突出。可以说，正是由于该剧情节的合理改变，从而打破了"英雄戏"的传统，这非常独特，非常经典，非常感人。

昆曲《千里送京娘》不是什么大型剧目，没有众多的人物，没有复杂的故事，更没有什么豪华的灯光和布景，但却是一部昆曲舞台上尤其是新编传统戏中不多见的成功剧目，其创作经验值得借鉴。在昆曲被评为世界"人类口头及非物质遗产代表作"后，如何体现联合国"人类口头及非物质遗产"定义中"创作以传统为依据"的实质内容愈发重要。

昆曲的创作并不是一种全新的"创造"，而是传统和创新的完美统一与结合，既要遵循"老祖宗"的历史脚步，又要不断地"传宗接代"延续"家门"。昆曲《千里送京娘》在这个方面对当代昆曲的创作无疑有着积极的借鉴意义。

回首岁月，昆曲《千里送京娘》从首演到现在已经整整50年了。"大英雄"赵匡胤的扮演者从侯永奎传到了侯少奎，再到现在侯少奎亲授的北昆优秀武生演员杨帆。此外上昆的吴双、苏昆的唐荣与湘昆的唐晖等优秀青年演员等也都先后向侯少奎学演了此剧，上昆的陈莉、苏昆的沈国芳和湘昆的雷玲等也都学演了赵京娘这个角色，并于2011年在北昆举办的"百年风华——昆曲大师侯永奎先生诞辰

100 周年纪念演出"活动上有出色的表演。

　　特别值得称道的是,2011 年 10 月 11 日,70 多岁的侯少奎和 30 岁出头的周好璐在杭州"纪念昆曲大师周传瑛先生诞辰 100 周年"演出活动上合演《千里送京娘》。一位是北方百年昆曲世家的传人,一位是南方百年昆曲世家的后代,大匡胤,小京娘,可谓是百年昆韵情谊长。

附录一　侯少奎大事年表

1939 年　出生

　　1 月 10 日出生于天津。

1948 年　9 岁

　　初次登台,在天津大舞台扮演《天河配》中的牧童。

1950 年　11 岁

　　随家迁北京东城区无量大人胡同 20 号,后迁珠市口陕西巷首都实验京剧团。

1956 年　17 岁

　　10 月,成为北方昆曲代表团实习演员。

1957 年　18 岁

　　6 月,任北方昆曲剧院武生演员,先后问艺于陶小庭、白玉珍、侯炳武学习《冥勘》《钟馗嫁妹》《倒铜旗》等。

1959年　20岁

与父亲侯永奎同台演出《单刀会》,侯永奎饰关公,侯少奎饰大纛。在西单剧场首演《林冲夜奔》。

1960年　21岁

开始学演《单刀会》、《打虎》、《夜巡》等传统戏。学演《文成公主》,饰松赞干布。

1962年　23岁

参加昆曲现代戏《红霞》演出,饰匪兵。学演《千里送京娘》。

1964年　25岁

学演昆曲现代戏《奇袭白虎团》,饰志愿军战士。

1966年　27岁

北昆解散,调往北京京剧团。学演京剧《杜鹃山》、《沙家浜》、《红灯记》等。

1967年　28岁

6月,与北昆旦角演员王燕菊结婚。

1969年　30岁

下放昌平小汤山"红艺五七干校"。

1975年　36岁

参加为毛泽东录制古典诗词与传统戏小组,录制了宋代词人洪皓的《江梅引·访寒梅》和昆曲《林冲夜奔》等。此项录制工作一直延续到1976年。

1976年　37岁

学演现代京剧《节振国》,饰节振国,并参加中央抗震救灾代表团《节振国》剧组,赴唐山慰问抗震救灾军民。

1979 年　40 岁

5 月,重回北方昆曲剧院。

1980 年　41 岁

复排《千里送京娘》。参加昆曲新编戏《血溅美人图》,饰李自成。

1981 年　42 岁

在民族宫剧场举办庆贺北方昆曲剧院复院演出,与李淑君合演《千里送京娘》。

1982 年　43 岁

开始参加《刀会》、《夜奔》、《夜巡》、《打虎》、《雁荡山》等传统戏及《千里送京娘》等戏的演出。

1984 年　45 岁

参加北京市中青年演员汇演,演出《林冲夜奔》,获个人优秀表演奖。同年,凭《单刀会》、《林冲夜奔》等获第二届中国戏剧"梅花奖"。

1986 年　47 岁

排演新编历史剧《南唐遗事》,饰赵匡胤,并参与同名电视剧的拍摄。恢复传统折子戏《铁冠图·别母乱箭》。

1987 年　48 岁

排演新编历史剧《宗泽交印》,饰岳飞,并在北京市新编历史剧汇演中获个人优秀表演奖。在大型历史故事片《关公》中饰关公。

1989 年　50 岁

恢复《义侠记·打虎、戏叔、别兄、杀嫂》。参加中国南北昆曲精英代表团赴香港演出。因其在《单刀会》中的出色表演,被香港媒体赞誉为"中国独步"。

1994 年　55 岁

应日本都民剧场邀请,赴日演出《千里送京娘》,饰赵匡胤,女儿侯爽晖饰赵京娘。

1996 年　57 岁

排演新编历史剧《水淹七军》,饰关羽。

2002 年　63 岁

10 月,北昆建院 45 周年,演出《千里送京娘》和《水淹七军》。

2003 年　64 岁

获文化部颁发的"长期潜心昆曲艺术事业成就显著者奖"。

2004 年　65 岁

从北方昆曲剧院退休。

2006 年　67 岁

参加全国政协举办的"纪念《十五贯》晋京 60 周年演出活动",与胡锦芳合作演出《千里送京娘》。

在北京长安大戏院复演绝响舞台 20 年的京剧《四平山》,饰李元霸。

北方昆曲剧院举办"侯永奎先生诞辰 95 年暨侯少奎从艺 50 周年纪念演出",演出《单刀会》,与女儿侯爽晖合作演出《千里送京娘》。

2007 年　68 岁

1 月,《大武生——侯少奎昆曲五十年》由文化艺术出版社出版。

被文化部授予第一批"国家级昆曲传承人"称号。

12 月,参加北昆成立 50 周年纪念演出,出演《单刀会》《千里送京娘》。

2009 年　70 岁

6 月,在第四届中国昆曲艺术节上被文化部授予"昆曲优秀理论研究人员奖"。

2010 年　71 岁

2 月,参加北京电视台春节联欢晚会《金关公》节目录制,首次饰演"金关公"。

赴苏州参加录制《昆曲百种·大师说戏》,先后录制了《夜奔》、《刀会》、《千里送京娘》、《打虎》、《华容道》、《四平山》等武生经典剧目,历时两年。

2011 年　72 岁

10 月,赴杭州参加"周传瑛先生诞辰 100 周年纪念演出",与周传瑛孙女、北方昆曲剧院优秀旦角演员周好璐合作演出《千里送京娘》,二人分饰赵匡胤和赵京娘。

12 月 2 日,北方昆曲剧院在梅兰芳大剧院举办"百年风华——昆曲大师侯永奎先生诞辰 100 周年纪念演出",演出京剧《四平山》,饰李元霸;昆曲《单刀会》,饰关公。

12 月 3 日,出席北方昆曲剧院举办"昆曲大师侯永奎先生诞辰 100 周年暨北方昆曲侯派武生艺术研讨会"。来自中国剧协、北昆、上昆、浙昆、苏昆、湘昆等院团领导、部分演员代表以及裴艳玲、蔡正仁、计镇华等参加了研讨会。

12 月 21 日,在全国政协举办的"两岸四地中国戏曲艺术传承与发展·北京论坛暨 2012 年全国政协新春戏曲晚会"中与周好璐合作演出《千里送京娘》。

2012 年　73 岁

4 月 13 日,在北京喜收北方昆曲剧院青年武生演员杨帆为徒,这是侯少奎从艺 55 年来的第一次,也是侯少奎重要的艺术传承活动。北方昆曲剧院院长杨凤一、京剧名家孙毓敏、昆曲名家周世琮与朱雅夫妇,以及凌金玉、曹颖、海军、王强、王大元、张敦义、王德林、侯宝江、张国泰、乔燕和、王小瑞等北昆领导及部分老艺术家到会祝贺,杨帆的同学及同事王振义、魏春荣、邵峥、方彤彤、胡明明、曹文震、李欣、谷峰、谭志涛、王锋、乔阳等也到会祝贺。拜师会上,杨帆首先向恩师侯少奎行拜师礼,之后师徒二人互送纪念品,侯少奎亲手将他本人书写的"艺向师得,戏从心生"条幅及有本人签名的《大武生——侯少奎昆曲五十年》一书等送与爱徒杨帆。杨凤一、孙毓敏、周世琮、朱雅、凌金玉以及侯少奎、杨帆等还在拜师会上发表了热情洋溢的讲话。

6 月 22 日,赴湖南省昆剧团,喜收该团优秀青年武生演员唐晖为徒。湖南郴

侯少奎喜收杨帆为徒（2012 年 4 月 13 日）

州市委宣传部、郴州市文化局、湖南省昆剧团等单位的领导和老中青艺术家参加了拜师会。

7 月，赴苏州参加由文化部和江苏省人民政府共同主办的第五届中国昆剧艺术节"名家传戏——当代昆曲名家收徒传艺工程启动仪式"，收北方昆曲剧院优秀武生演员杨帆、王锋为徒，传艺剧目为《夜奔》与《单刀会》。

11 月，《铁板铜琶大江东——侯少奎传》由上海古籍出版社出版。

附录二　侯少奎源流谱系

师　承

侯永奎

1921 年开始从事昆曲艺术,著名京昆大师,工武生。京剧师从尚和玉,昆曲师从王益友、郝振基、陶显庭等。1949 年后在北京人民艺术剧院、中央实验歌剧院、中央戏剧学院、首都实验京剧团、北方昆曲剧院等单位任教员、团长等职。1981 年 6 月 28 日在北京去世。

传　人

杨　帆

1982 年入北昆学员班,现为北方昆曲剧院优秀青年武生演员,师承侯少奎,学演《夜奔》《千里送京娘》《单刀会》等。2012 年 4 月,由北方昆曲剧院主持,正式拜侯少奎为师。2012 年 7 月,由文化部主持,再拜侯少奎。

王　锋

1990 年从艺,现为北方昆曲剧院优秀青年武生演员,师承侯少奎,学演《夜奔》、《武松打虎》、《武松杀嫂》等。2012 年 7 月,由文化部主持,正式拜侯少奎为师。

唐　晖

1979 年从艺,现为湖南省昆剧团优秀青年武生演员,师承侯少奎,学演《千里送京娘》等。2012 年 6 月,由湖南省昆剧团主持,正式拜侯少奎为师。

附录三　侯少奎研究资料索引

专　著

《大武生——侯少奎昆曲五十年》　侯少奎、胡明明著　文化艺术出版社 2007 年 1 月

《铁板铜琶大江东——侯少奎传》　胡明明著　上海古籍出版社 2012 年 11 月

期刊论文

《毛泽东与昆曲》　胡明明　《人民日报》1994 年 2 月 5 日

《大武生侯少奎》　郭启宏　《中国戏剧》2008 年第 7 期

《喜看昆曲现代戏〈陶然情〉》　侯少奎　《中国演员》2011 年第 5 期

《昆坛两代粉墨情——为昆曲大师侯永奎诞辰一百周年而作》　侯少奎口述，胡明明执笔　《中国戏剧》2012 年第 1 期

《南北昆韵情谊长——昆曲〈千里送京娘〉引出的一段昆坛佳话》　张蕾　《中国戏剧》2012 年第 7 期

音像资料

《昆曲：侯少奎》（CD） 收录《单刀会·刀会》、《宝剑记·夜奔》、《天下乐·嫁妹》、《挑滑车》、《义侠记·打虎》、《麒麟阁·三挡》、《寿荣华·夜巡》、《华容道》 中国唱片总公司出品

《浣纱记·寄子》、《义侠记·游街》、《千里送京娘》（VCD） 人民音乐出版社

《单刀会》片段（CD） 《中国戏宝：昆曲精粹》 广东珠江音像出版

《夜奔》片段（VCD） 《中国戏宝：昆曲精粹》 广东珠江音像出版

《夜奔》、《刀会》片段（DCD） 《中国戏宝：昆曲精粹》 广东珠江音像出版

《北方昆曲剧院老艺术家舞台艺术》（DVD，根据彩色无声资料片 1994 年配音） 收录《麒麟阁·三挡》片段（侯永奎 1962 年拍摄，侯少奎 1994 年配音） 北京东方影音公司

《宝剑记·夜奔》 《昆剧选辑》（二）第二十集 中华民俗艺术基金会制作龙辉美术制作有限公司 1995 年 2 月录制

《单刀会》 昆剧选辑（二）第二十二集 中华民俗艺术基金会制作龙辉美术制作有限公司 1995 年 2 月录制

《义侠记·打虎游街、戏叔别兄、挑帘裁衣、显魂杀嫂》（武松：侯少奎，潘金莲：梁谷音，西门庆：刘异龙，王婆：成志雄，武大郎：侯哲） 《中国昆剧艺术团精选》第四集 （台湾）国立传统艺术中心筹备处发行国际新象文教基金会策划制作，1997 年 11 月、12 月

《宝剑记·夜奔》 《中国昆剧艺术团精选》第七集 （台湾）国立传统艺术中心筹备处发行国际新象文教基金会策划制作，1997 年 11 月、12 月

《千里送京娘》（赵匡胤：侯少奎，赵京娘：董瑶琴） 《中国昆剧艺术团精选》第八集 （台湾）国立传统艺术中心筹备处发行国际新象文教基金会策划制作，1997 年 11 月、12 月

《单刀会》 《北方昆剧剧院——京朝雅音燕赵悲歌》第二卷 （台湾）国立传统艺术中心出版发行国际新象文教基金会制作，2002 年 3 月

《大江东去浪千叠》（DVD） 收录《水淹七军》、《单刀会》、《别母乱箭》、《千里

送京娘》、《铁笼山》、《四平山》、《林冲夜奔》、《武松打虎》、《华容道》、《武松杀嫂》 文化艺术音像出版社 2007 年 12 月

《2009 年北京电视台春节晚会》(DVD) 收录《金关公》片段 北京电视台 2009 年 2 月

《北方昆曲剧院·名家演唱系列：侯少奎》(CD) 收录《单刀会》、《南唐遗事》、《血溅美人图》、《江梅引·访寒梅》、《宝剑记·夜奔》、《千里送京娘》、《水淹七军》 中国广播音像出版社 2011 年

《中国京剧精粹音配像》系列 天津市文化艺术音像出版社

(昆曲)《林冲夜奔》 侯永奎 1954 年录音,侯少奎配像

(昆曲)《单刀会》 侯永奎 1957 年录音,侯少奎配像

(昆曲)《麒麟阁》 侯永奎 1963 年录音,侯少奎配像

(昆曲)《千里送京娘》 侯永奎、李淑君 1963 年录音,侯少奎、史红梅配像

(昆曲)《打虎游街》、《戏叔别兄》 侯少奎、梁谷音、张寄蝶 1990 年录音,侯少奎、梁谷音、张寄蝶配像

(京剧)《华容道》 侯少奎录音,侯少奎配像

附录四　"昆曲"还是"昆剧"

——在"2011·北京昆曲论坛"上的发言[1]

侯少奎

　　今天，我借"2011·北京昆曲论坛"的机会，就昆曲与昆剧的称谓，谈谈我个人的看法。首先，我先表个态，我支持称为昆曲的观点。我很庆幸今天论坛的名称叫"2011·北京昆曲论坛"，如果叫"2011·北京昆剧论坛"，估计我就不参加了。

　　在2011年5月7日为纪念昆曲"非遗"十周年而举办的"2011·北京昆曲论坛"上我的一段开场白引起全场与会者不小的震动，也由此再度引发"昆曲"还是"昆剧"的称谓之争。

　　我的关于"昆曲"还是"昆剧"的发言共有两次：第一天是做主题发言，主持人是谢柏梁先生，点评人是丛兆桓先生；第二天是补充发言，主持人是曾永义先生，点评人是周华斌先生。

　　会后，北京日报以《昆曲专家呼吁：对传统要有敬畏之心》为题，报道了会议和我发言的情况。文章中写道："北昆著名昆曲表演艺术家侯少奎率先为昆曲'正

―――――――――――

[1] 本文根据侯少奎先生2011年5月在"2011·北京昆曲论坛"上的发言内容整理而成。

名',他认为现在将昆曲称为'昆剧'有失偏颇,最准确的叫法应该是'昆曲'。对于有些人认为昆曲600年是'昆曲到昆剧'的提法,他表示不能接受,'昆曲是声腔艺术,重在一个'曲'字,正是音乐的变革才使昆曲成为昆曲'。时至今日,昆曲仍是一门小众艺术,若是'昆曲'、'昆剧'随便叫,使本来就不清楚的外行们就更为糊涂,对于这门艺术的传承与发展也造成了人为的障碍。"我发言后,与会的许多国内外专家会后纷纷向我索要发言稿,其中台湾张澍女士更是希望能允许她在台湾的专业刊物上发表。

概括总结起来,我的发言有以下几个主要内容:

一、我也算是昆曲老人了,三代唱昆曲,不是唱昆剧。无论是从历史传承、文本传承、唱腔传承、表演传承以及官方称谓上,我认为都应以昆曲称谓为准确。多年来,称昆曲和昆剧都有,虽然一字之差,但还是让人们感觉很混乱。圈内的人不明白,说不清,社会上的,特别是众多没有接触过或很少接触昆曲的广大青年人就更糊涂了,他们会认为昆曲和昆剧是不是两个不同的剧种呀。

"昆曲"与"昆剧"称谓的争论已经许久了。是昆曲还是昆剧,这是需要从昆曲这个剧种的历史演变过程来考量和回答的问题。

中国戏曲剧种的称谓,一般来说从起源到定型大致都经过数次变更。而每次称谓的改变总是和内容的变化与历史的发展进程紧密联系在一起。这其中,内容的变化对称谓的改变起决定性作用,这种因内容的变化而引起称谓的改变具有事物发展的连续性。

一个戏曲剧种的形成和发展过程总是和其文本、角色、唱腔、乐器、表演方式,乃至舞台等有着紧密联系。一般来说,每次名称上发生变化,都是因为质发生了变化,而不是量发生了变化;不是形式上发生了变化,而是内容上发生了变化。如元灭金后,逐渐形成了元杂剧和南戏并行的格局。元杂剧的"剧"和现在的"剧"、"昆剧"的"剧"完全不是一个概念。元杂剧是在宋(金)杂剧和诸宫调等基础上兴起的新杂剧,它既与宋杂剧不同,也与南戏不一样。元杂剧的结构以"四折一楔"为基本结构,角色为"一人主唱",曲词基本是一韵到底,音乐分类为"北曲",乐器主要是三弦、琵琶等。而南戏则不同。南戏结构以"出"为基本结构,数量上可达二三十出之多;角色上不再是"一人主唱";音乐上出现了"套数"概念,音乐分类为"南曲",乐器主要是笛、箫等。显然元杂剧和南戏称谓的不同是因为质发生了变化。

昆曲在本质上,无论是演元杂剧还是明清传奇,都是曲牌体文学和曲牌体音乐,这和其他剧种有着很大的差别。音乐上讲,昆曲本身就是声腔艺术,遵循"依字行腔"的规律,从昆山腔起,到经魏良辅改革创立新腔,称为水磨调,再到后来经梁伯龙写成水磨调的传奇剧本《浣纱记》,昆曲这个称谓终于正式登上了舞台。从这个历史演变传承关系看,昆曲中的"昆"是这个剧种发祥地的简称,而昆曲中的"曲"则强调了昆曲是一种曲牌体文学和曲牌体音乐相结合的剧种,显然昆曲的称谓重在一个"曲"字上,是音乐的变革才使昆曲从之前的各种称谓成为昆曲并一直沿用现在。

　　二、如果现在把昆曲改成昆剧,那么,曲社、曲友和曲家的称谓是不是也要改成剧社、剧友、剧家呢? 历史上昆曲"清工"与"戏工"之分是不是都要改"剧工"呢? 显然不成。比如我侯少奎现在在台上为各位清唱一段"大江东去"片段,你非说我不是唱昆曲,是在演昆剧,这合适吗?

昆曲从形成到现在,除昆曲专业演员的舞台表演外,无论是过去还是现在,大部分爱好昆曲的非专业人士都是把昆曲的曲词用来清唱的,或清曲或桌曲,这是昆曲的传统。如果把昆曲叫成昆剧,那么对这些热爱昆曲的人士是不公平的。曲社、曲友、曲家在历史上对昆曲传承的贡献是巨大的,历史上许多昆曲名剧、名谱等都是这些人创作出来的,如明代魏良辅是曲家,创立了"水磨调";如清代苏州人叶堂是曲家,毕一生精力创作了《纳书楹曲谱》,这部昆曲曲谱集至今是昆曲从业者特别是从事昆曲唱腔设计者的经典,其"唱口"被称为"叶氏唱口";如俞粟庐、俞振飞父子,都是非常有名的曲家,俞粟庐先生有"江南曲圣"之雅名,著有《度曲刍言》和《粟庐曲谱》等,俞振飞先生跨京、昆两界,著有《振飞曲谱》等。"在昆曲传承和发展的历史过程中,昆曲的'清唱'与'清工'活动对昆曲的发展和传承起着推波助澜的作用。这种以文人雅士为主体的曲唱活动,至今仍在传承之中。我们对其当代传承衍变形式,应当予以更多的关注。以往的专家学者们多从传统唱论的基本面貌及发展历程等角度对昆曲艺术进行关注,但却一直忽视了昆曲传统唱论的承载群体及其活动——以文人雅士为主体的昆曲曲唱活动。著名戏曲研究家吴新雷认为：清工是指业余曲友专工清唱的艺术成就；其优点是讲究字声音韵，注重曲意曲情……"[1]

蔡正仁先生曾有段话谈到了昆曲传承中有关"清工"和"戏工"的性质和关系，他认为："当政者、从业者不知道昆曲的传统，有意或者无意地，人为掩盖、取消了'戏工'与'清工'的分工，割裂了传统、破坏了传统。现在的剧团都是'戏工'。我们可以理解，他们为了生存、为了利益，可以根据各种需要进行各种各样的演出，尝试、创新、改革，一句话，历代如此，我们本不应去苛责。但是，研究、评论的都是'清工'。他们是有雅趣的文人，不为生计、名利所牵，只凭着自己对昆曲的爱好，便可以穷其一生，孜孜以求。他们知道昆曲的真谛，他们才是昆曲的面貌一直保留至今的根本力量，或者说，他们才是昆曲的正脉、核心，或者说行家。看看历史就可以证明这一点。"

我同意蔡正仁先生意见，我们昆曲专业从业者，也就是"戏工"，要尊重"清工"——广大昆曲爱好者的作用和历史性的贡献，决不能认为"清工"可有可无，决不能认为"清工"不专业，决不能认为"清工"排不了戏，上不了台面，更不能人为地在"清工"和"戏工"之间制造矛盾。"清工"和"戏工"都是昆曲传承和发展的重要力量。

三、在法统和官方主流称谓上一直叫昆曲，我认为这是符合昆曲本质属性的，是准确的。比如联合国教科文组织就没有把"昆曲"称之为"昆剧"，这在联合国正式授予的文件上清清楚楚。虽然我不识洋文，但汉语拼音的"昆曲"和"昆剧"我还是分得清楚的。我知道当年梅兰芳先生唱的是昆曲《牡丹亭·游园》，不是昆剧《牡丹亭·游园》，这样的例子很多，难道都要推翻吗？

1956 年 5 月 18 日《人民日报》发表了一篇社论，社论里通篇提到的是昆曲而不是昆剧。这个社论就是当年非常著名的《一出戏救活了一个剧种》。这篇社论是毛泽东亲自审定修改指示《人民日报》正式发表的，显然社论题目中"剧种"指的就是昆曲，而这篇社论则成了建国后昆曲复兴的标志。周恩来也在 1956 年 1 月和

---

[1] 冯芸：《苏州昆曲传承的重要载体：清工与清唱》，《南京艺术学院学报》2010 年 02 期。

5 月分别做了两次关于昆曲的讲话,通篇提到的也是昆曲而非昆剧。

也许是历史的巧合,45 年后的 2001 年 5 月 18 日,联合国教科文组织授予中国昆曲为"人类口头及非物质遗产代表作"称号,在证书上,"昆曲"被用汉语拼音"KunQu"正式标注,从这天起,昆曲又进入了一个新的发展时期。

2005 年 1 月 24 日,文化部、财政部联合印发《国家昆曲艺术抢救、保护和扶持工程实施方案》通知,通知中说:"昆曲艺术历史悠久,距今已有 600 余年的历史,是中华民族传统艺术中的瑰宝,在中国文学史、戏曲史、音乐史、舞蹈史上都占有重要的地位。昆曲对后来的京剧和众多的地方戏曲产生过深远的影响,被誉为'百戏之师',是中国戏曲艺术的集大成者。2001 年 5 月 18 日,中国昆曲艺术被联合国教科文组织宣布为世界首批'人类口头遗产和非物质遗产代表作',中国昆曲的艺术成就和它独特的文化价值已经超越了国界和民族,为世界所认识和赞赏,成为人类共同的精神文化财富。"

显然无论是过去还是现在,"昆曲"这个称谓无疑是法统和官方的主流提法。

四、事实上,无论是"昆曲"还是"昆剧",其提法现在一直并存。昆曲从来不排斥"剧"的概念,其结构、冲突、矛盾、情节、高潮、喜剧、悲剧、语言等这些现当代"剧"的元素和概念其实在昆曲传统里比比皆是,但谁敢讲我创作了一个什么昆剧新腔,既然不敢,既然没有,我看还是老老实实叫昆曲的好,不要再出什么幺蛾子了。另外还有一种观点,认为昆曲 600 年是昆曲到昆剧的演变过程,这个提法我不能接受。如果说称昆曲或昆剧还是一些人的习惯话,那么称昆曲 600 年是从昆曲到昆剧的过程就是混淆概念,很庸俗。因为"昆曲"和"昆剧"的区别绝不是什么从猿到人的过程。如果认为现在的昆曲创作在文学上加上些非曲牌的文字或者不合曲律的唱词,在唱腔上加些所谓新创的东西,在音乐上加些流行音乐元素,在乐器上加些小提琴、大提琴,在舞台上加上声、光、电甚至多媒体等表现形式。或者更直接说,"昆曲"和"昆剧"的区别就是没导演和有导演的区别,就是 600 年来昆曲到昆剧的过程,那更是无知和荒唐。

昆曲和昆剧的称谓与戏曲和戏剧的称谓是两码事。

中国戏剧引入"剧"的概念还是近代的事情。而中国戏曲引入"剧"的概念则更晚一些。作为"百戏之祖"的昆曲,其称谓的由来是事物历史发展过程中的"扬弃"结果,其称谓改变的脉络和称谓改变的阶段也是清晰与分明的。古人云:"名不正,则言不顺,言不顺,则事不成。"现在有时叫"昆曲",有时叫"昆剧",甚至在一篇文章或著作里也经常出现称谓不统一的现象。在没有科学地定性之前,这种约定俗成或者说习惯性的叫法允许存在,允许争鸣。但既然昆曲已经是世界非物质文化遗产,既然这个遗产称谓都十一年了,总该要有个准确和统一的叫法。这个问题应该引起昆曲学术界和理论界的重视,不然,一会叫昆曲,一会叫昆剧,中国人说不明白,外国人就更糊涂了,显然不利于昆曲艺术的传播和普及。

五、昆曲的称谓是有很清晰的沿革脉络,一是元杂剧的曲牌文本系统,二是中州韵的"依字行腔"声韵系统,三是北曲声腔系统。但这时还不叫昆曲,到了南戏时期,曲牌文本系统趋见完备,音乐上有了"南曲"和"南北套曲"的概念,但也还不是昆曲。到了魏良辅改革创立新腔称为水磨调后,昆曲的声腔系统正式形成,但仍缺少昆曲舞台表演体系,因为水磨调只是清曲样式。到了梁伯龙《浣纱记》传奇在舞台上的出现,昆曲整个体系正式形成。由此可见,曲牌文本系统、声韵系统、声腔系统、表演系统以及乐队的配置等是昆曲的核心,是区别于其他剧种的根本,如果不改变这几个系统,只是加些声、光、电,只是加上些古人没有的导演称谓,我认为,还是应该叫昆曲。还是老老实实的好。

会议后,我的上述发言被一些人称为"最给力的"发言。需要说明的是,我在会议上的发言只是我的一家之言。我认为,过去我们办了不少次昆曲论坛,但更多的是官话和套话,更多的是吹捧的话,更多的是自娱自乐,这不利于昆曲的健康发展。我认为,我们要多些反思的东西,要多谈些经验教训的东西,要有危机感,要多听不同的声音。比如,现在有个很奇怪的现象,我们昆曲院团排的戏,甚至一些得奖的戏,大都被广大曲友们在网上称为"雷戏,天雷戏"等。我想,以后举办昆曲论坛,要请一些有代表性的曲友们参加,相互沟通,相互多听意见,这对昆曲的健康发展会有很大的好处。当年,北昆老前辈们晋京后,和许多热爱昆曲的曲友们建立了非常良好的关系,受益匪浅,使得北昆艺术得以延续和发展。

最后,如果让我从艺术的感觉谈"昆曲"还是"昆剧"的称谓问题,我认为,应该说"昆曲"的称谓更能反映其昆曲的艺术特质:写意、雅致。如在宣纸上泼墨一般:浸润、意境。反观"昆剧"的称谓缺失的恰恰就是这种古典韵味的感觉。

附录五　晚辈眼中的侯少奎

我们爱父亲

侯爽晖　侯晓牧[1]

一进爸爸家的门就能看到四个醒目的大字"生正逢时",这是吴祖光爷爷生前写给爸爸的。多少年过去了,这四个字好像不断在拉开一道道爸爸人生的帷幕。正如他所说:"我这辈子什么都赶上啦! 天津发大水,抗日战争,解放战争,三年自然灾害,文化大革命,四人帮倒台,改革开放。"人生的磨难是一种精神财富的积累,从爸爸身上我们能清楚地看到他是怎样跑着这场属于他的人生马拉松。

爸爸从不横着跟别人比,他永远是竖着和自己比。很多人只知道爸爸成名成家了,但是只有少数几个人知道,进剧团时谁都看不起的傻大个子,走到今天,有多艰辛。在美国和我们一起住的那段日子,爸爸和我们聊了很多。听爸爸讲了很多事情之后,我们替他抱不平,同时也更加佩服他。当年爷爷在剧院给所有的青年武生演员亲授《挑滑车》这出戏的时候,爸爸却被爷爷分配在车库里和一个司机一起学习《倒铜旗》。但是爸爸没有去和爷爷争取这个学习《挑滑车》的机会,而是踏踏实实地做他的事情,向他的开蒙恩师侯炳武老先生学习《倒铜旗》。

---

[1] 侯爽晖,侯少奎长女。侯晓牧,侯少奎次女。

剧作家吴祖光写给侯少奎的条幅

很多时候我们会觉得爸爸稀里糊涂的,但之后又意识到了,爸爸是不计较,无论是生活中还是事业上。正是因为不计较,所以爸爸活得十分自如。比如 2011 年爸爸去杭州参加"昆曲大师周传瑛先生诞辰一百周年"纪念演出时,因接站方浙昆的原因,爸爸在火车南站干等了一个多小时,吃饭的时间都错过了。负责此次接待的周玺后来说,原本她已经准备好了聆听"严厉的教诲",但爸爸却一句抱怨都没有,随意点了一碗面,大口大口吃起来。周玺说:"侯老师的那碗面有脸盆那么大!"

当爸爸问我们愿意不愿意写关于他的这篇文章的时候,我们马上答应了,愿意! 2011 年北昆举办"百年风华——昆曲大师侯永奎先生诞辰 100 周年"纪念演出,古稀之年的爸爸再次出演《单刀会》,这出戏我们都看了不知多少遍啦!我们最喜欢的就是爸爸的这出戏。说到这里,又忍不住要夸爸爸几句,每次看着舞台上爸爸扮演的关公我们都仿佛看到了真的关大王!爸爸再现的关公的那股正气真是震撼!爸爸唱的是关公的气魄、关公的威严、关公的从容。

我们想象不出一个心胸狭窄的人能演出这等雄阔的美。大家都知道关公是个重信义的人,正像关公在戏里的一句台词:"想某从未失信于人!"生活中爸爸也是个非常守信用的人。举个小例子,还是很早的时候,有一次一个阿姨给爽晖介绍了一个男朋友,并说好了一个见面的时间。不巧的是约好见面的那一天爽晖突然发高烧去不成了,当时那个阿姨家没有电话,爸爸知道后说:"怎么能让人家白等呢?"爸爸决定骑单车去那个阿姨家告诉她,那一个来回骑了三个半小时呀!

常听到人们对爸爸刻画的武松的赞许,说他一出现在舞台上就已经是武松了。

武松的几个人生转折都和他对兄长的爱有关,难以想象在生活中不重手足情的人能演出这份真情来。爸爸有四个弟弟两个妹妹,他深深地爱着他们,对他们挂念,关心,宽容,不计较。爸爸每逢过年过节就把独居的六弟叫来一起过,平时总是亲自做些饭菜给六弟送去。常听人说爱就是不计较,爸爸的四个弟弟都从爷爷奶奶那里继承了一份房产,惟独爸爸没有,但他从来没有一句怨言。2012年过春节,爸爸把所有的弟弟妹妹都请到家里一起过年,还亲手烧了好多菜。一位演武大郎的老师说,每当演到武松和兄长久别重逢那场戏时,他都会被爸爸的表演感动得流下泪来,而且每演如此。

在昆曲的舞台上,爽晖唯一和爸爸合作过的戏就是《千里送京娘》,而且还演出过几十场,所以对爸爸的赵匡胤情有独钟。当赵匡胤见到危难之中的赵京娘时,他说的第一句话就是:"弱女遭难苦情堪怜,怎奈我玄郎也在急难间,见义勇为方显得英雄汉。"由此我想起一个话题——同情弱者,救助弱者,挑战强盗,护送弱者。至今还清楚地记得小时候爸爸帮爽晖给一只刚刚捡回来的猫换药的情景,猫咪伤口的恶臭使爽晖不得不在戴上口罩的同时还要摒住呼吸。爸爸经常告诉我们奶奶说的话:"欺负小动物有罪,因为它们就是说不出道不出的哑巴孩子。"在爽晖和爸爸合作演出《千里送京娘》时,每次演到赵匡胤告诉赵京娘他打算送她回家时,爽晖都会不由自主地怀着敬佩的心情望着赵匡胤,然后含着眼泪说:"多谢壮士!"爸爸这里演得特别好,对手戏是刺激出来的,对手演得越真切,你越投入;你越是投入,对手越演得动情。另外一位与爸爸合作扮演赵京娘的演员曾经对爽晖说过:"和你爸爸演戏就是不一样,同样的唱念做,却是不一样的心劲儿,觉得特别过瘾。"我也深深地体会到这一点。《林冲夜奔》是"一场干"的戏,全戏中就一个人,爸爸却演得满场是戏,把那个无奈的落魄英雄演得惟妙惟肖。

爸爸总是先替别人考虑,然后才想到自己。我们在美国上学的时候,爸爸动手术都不告诉我们,因为怕我们担心。爸爸来美国探望我们的时候,我们舍不得爸爸回去,便挽留他再多住些日子,他这才告诉我们病情的严重性。他说:"我都七十多岁了,多住一天我都怕会病在这里连累你们。"随着年纪大起来,我们越发思念爸爸,因为他给了我们太多无私的爱!爸爸身上拥有孔子赞扬的那种人格:"老者安之,朋友信之,少者怀之。"

在《大武生——侯少奎昆曲五十年》一书中,已经写了许多爸爸对妈妈的爱了。等有时间了,我们会静下心来好好写一写他们两个一起走过的那四十多年。

提起爸爸对奶奶的爱,爸爸费力地用麻布挤胡萝卜汁给患癌症的奶奶喝的情景马上闪现在我们眼前。在这里我们想和大家一起分享爸爸写的一篇思念奶奶的短文《一个小闹钟的故事》,这是 2011 年爸爸来美国看我们时写的。读完这篇文章我们才知道爸爸是从什么时候发誓长大以后要好好孝敬奶奶的。

这话说来话长了,是在 1951 年过春节的时候,我 12 岁。我们家过春节有个习惯,每个小孩要做一身新衣服,男孩一身蓝布衣裤褂,女孩是一身花布裤褂,用不了多少钱,过年小孩穿一身新衣服是为了图个吉利。这一年不知晓父亲是什么原因,每个孩子一身新裤褂,唯独不给我做。我当时委屈地站起身跑到妈妈屋里去了,一个小孩每年就盼那一身新衣服呀!现在想想不就是妈妈手缝一身布衣服吗,可是当时还是孩子的我怎么想得开呢!我没嚎啕大哭,只是暗暗地掉泪。妈妈看在眼里,觉得这个平时这不争那不争的大儿子现在居然背地里掉眼泪,妈妈非常伤心。妈妈是一个家庭妇女,在家不掌管钱,所以一点钱也没有,她只好把姥姥送给她的陪嫁小闹钟卖给了当时走胡同串巷的打鼓的了。打鼓的指的就是收买旧衣服废品的人,他左手拿一个小鼓,右手拿一个敲打的竹签子,边走边打,嘴里还吆喝着:"收旧衣服破烂货卖!"妈妈非常爱她的这个小闹钟,因为她每天早晨都用它。妈妈把小闹钟卖了一点钱,买了一身蓝布料子,因为离大年三十很近了,妈妈连夜戴着眼镜一针一线地为我缝做新衣服。大年三十早上,妈妈把我叫到她跟前把新衣服递在我手上:"别难过了,妈妈给你做了一身新衣服,高高兴兴地过年吧!"当时我含着眼泪说:"妈妈,我长大了赚了钱一定把这个小闹钟赎回来!"妈妈说:"你去哪里找哇!以后有了钱再买一个新的吧!"从此以后我对自己说:"一定要好好学本事好好孝顺我的亲娘!"

爸爸身上有多处支架,包括心脏和腿动脉,曾经两次住院治疗,他的腿一度到了走不了路的地步。医生曾明确地告诉我们:爸爸的身体已多处堵塞,但已不能再装支架了。因此我们对爸爸的健康情况很不乐观。有一天,从电视台对克林顿的采访中爸爸获得很大启发。克林顿经历过两次心脏手术,医生告诉他必须改变饮食习惯以减缓心血管疾病的恶化。由此,克林顿成了一位严格的素食主义者。他以豆子、蔬菜和水果为食,每天早上饮一杯杏仁奶,但决不吃奶制品。由于严格遵守素食,克林顿体重减轻20磅,目前他身体状况极好。他的两位医生都认为,以植物为主的饮食能够预防甚至可以彻底医治心血管疾病。

　　我们15年来一直是严格的素食主义者,深得其益,所以就建议爸爸试试吃素,目的是避免摄入任何有可能损害堵塞血管的食物。要知道爸爸可是出了名的爱吃肉。吃素必须高度自觉,自己改变自己,自己监督自己,而且要禁得住诱惑。爸爸能行吗?事实证明爸爸是有高度自控能力的人。以前爱吃涮羊肉的他,现在只涮蔬菜和

侯少奎与女儿侯爽晖(右)、侯晓牧合影(2011)

豆腐;向来爱吃肉饺子的他,如今大年初一吃的都是素饺子;一直被朋友们公认能做最香的肉丁炸酱面的他,几年来也改做鸡蛋酱或是香菇酱了;今年他生日聚餐也是在京城的一家素食餐厅办的。体检之后,爸爸骄傲地告诉我们一个喜讯,他的重度脂肪肝已经变轻度了,而且血项检查都正常,也不胸闷了。爸爸的体重也成功减重十几斤了,他开玩笑地说:"我现在再也不用像以前那样成天抱着个西瓜走路了!"

　　一向很爱吃肉的爸爸竟然变成了素食家!

师恩如山

杨　帆[1]

师者,传道授业解惑也。我的恩师,昆曲名家侯少奎先生在我从艺近三十年中,一直深深影响着我和周围的昆曲人。他对昆曲的执着、坚守、努力和深情都是晚辈之楷模,使我在昆曲艺术的道路上能够坚持走下去。

领我入门

1982年我考入北方昆曲剧院学员班学习昆曲,工武生,开蒙第一出戏是《夜奔》,教授我们的就是侯老师。恩师当时四十出头,正是年富力强,我们也早听说侯老师的大名,家学渊源,师爷人称"活林冲"。他能来教我们,令大家都十分紧张。第一次见恩师,他身材魁梧,声音浑亮,对我们十分和善,总是笑眯眯的,很快就和我们亲近起来。那时团里排练厅不够用,就借用中国戏曲学院的教室,就是里仁街旧址,要步行十多分钟,恩师有空就带着我们四个武生前去学戏,路上千叮万嘱地叫我们靠边走小心汽车。学戏都是口传心授,一堂课下来我们一人唱一遍,他要唱四遍,一人拉一次动作他要拉四次,总是不厌其烦。老师当时在北昆已经属大牌演员了,还对我们这些少不更事的孩子那么认真,使我们心里都十分感动。

一块牛肉

《夜奔》这出戏对武生演员来说难度很大,一个人边唱边舞。当时我的身体条件在四个学生中最差,体力最弱,老师就有意识地让我多拉戏多练气力。在彩排的头天,恩师来找我,拿出了一个铝制的饭盒。我打开一看,哇,好香啊,一大块炖牛肉。在当时买什么都要票的计划经济时代,这可真是好东西啊。

"这是师娘特意做的,吃了多长劲,好好唱《夜奔》。"师父说着递了过来。

我双手接过,心中暖暖的,暗想一定好好学不让老师失望。这一幕过去快三十年了,却依然清晰如昨。

---

[1] 杨帆,男,国家二级演员,工武生,1982年考入北方昆曲剧院。从艺30年,其所学演传统武生及武生勾脸戏均为昆曲名家侯少奎先生真传,现为北方昆曲剧院优秀武生演员,唱、念、做、舞等极具北方昆曲侯派"大武生"艺术风格。

那块牛肉是我吃过的最好吃
的牛肉。

朴实无华

1985 年我和恩师一起演出，
我母亲当时身体已十分不好，却
坚持跑去观看并特意对恩师说：
"这孩子就托付给您了，您就当自
己的孩子，要打要骂都行，只盼您
能教育他成才。"

这是母亲最后一次看我的演
出，不久母亲就病逝了。恩师闻
讯特意让师姐侯爽晖到我家探望
并转告恩师的话，希望我好好学

侯少奎与学生杨帆合影(1998)

戏，不要辜负母亲的期望。后来我跟随恩师学习了《单刀会》、《千里送京娘》、《别
母乱箭》、《义侠记》等许多优秀剧目。

1993 年我决定参加全国昆曲青年演员汇演，当时心里有些紧张，这是第一次
在全国昆曲人面前亮相。恩师对我说：别紧张，我给你把把关。第二天早上七点，
恩师准时到排练厅，从头说起。一个月下来，我进步不少，最终在汇演中获得了优
秀表演奖——我的每一点成长成绩和恩师无私的付出都是分不开的。

2002 年我随团去香港演出，我先演《夜奔》，恩师最后演《单刀会》，可他早早就
化上妆，站在侧台看我演出。我演完下场，他说："你演出，我比你还累！"我深深体
会到恩师这句话的意思，他着急啊。现在市场经济了，什么都向钱看，当年四个武
生就剩我一个了，他多希望侯派艺术能传承下去。可现实摆在眼前，因为剧院收入
过低，我时常出去拍戏挣钱，恩师见我面就说："到外面挣钱可以，但不要把功扔
下，时常练练功吊吊嗓，这功练出来不易，可扔下却非常容易。"

恩师当时住在虎坊路，房间不大，老式两居室。他做炸酱面非常好吃，我们这
些青年人里有好多都吃过。师娘为人十分和善，两人十分恩爱。恩师和师娘养了
十多只猫，都是被人遗弃的，他们却像对待宝贝似的照顾，师娘晚上还到楼顶天台
上去喂那些小鸟和野鸽子。后来他们搬到了亦庄，把这些猫也带过去了。我们有

时对恩师说:"您是大演员大艺术家,这衣服上沾的都是猫毛狗毛的,与身份多不相符啊。"恩师一笑:"那有什么,穿什么不穿什么都不打紧,关键还看你有没有本事。"恩师为人就是这样质朴随和。

2004 年师娘仙逝后,恩师的情绪很受打击,我们这些弟子很担心。我曾劝他把猫狗送出去省省心。但恩师说这是师娘当时养的,现在他要接着养下去。

恩师退休后忙着传授侯派艺术,虽然辛劳,但乐此不疲。现在全国昆曲院团都有跟恩师学过戏的学生,可谓桃李满天下了。

2010 年剧院排演了一出昆曲现代戏,叫《陶然情》,戏中男女主角的行当搭配传承了侯派名剧《千里送京娘》,我演高君宇,大武生应工,师妹周好璐旦角应工饰演石评梅,我们在台上演绎了一场党的早期著名领导人和民国大才女之间"陶然化蝶"的凄美爱情,深受观众喜爱。这个戏一口气演了四十多场,也是我第一个原创主要角色,这个戏使我在艺术上有了很大的提高。恩师看过很多场,并专门撰写文章《喜看昆曲〈陶然情〉》,这也是恩师第一次写剧评。他还亲笔题写了剧名,鼓励我们说:"这个戏非常好,很有北昆艺术特色,北昆本来就有排演现代戏的传统,你们师爷就排演过现代戏。"

2011 年赴港演出,在《千里送京娘》中,我前半场扮赵匡胤,恩师扮后半场,师徒同台,也算梨园佳话。

现在昆曲的日子好过多了,许多人都知道了昆曲,但北昆的武戏却日渐式微。我有心无力,暗自叹息。2011 年 12 月 2 日北昆举办"百年风华——昆曲大师侯永奎先生诞辰 100 周年纪念演出",又重燃星火,全国的青年武生演员齐聚一堂,又有许多昆曲名家献艺助兴,我和师妹周好璐演出《千里送京娘》,向恩师致敬,梅兰芳大剧院沸腾了。大轴《单刀会》,恩师一出场依然是铁嗓钢喉,气震全场,一句"流不尽的英雄血",唱出了那份坚守、那份孤独!唱得人"血脉贲张",掌声如雷,那一夜是属于恩师的,是属于侯派武生的,是值得永远铭记的!

我追随师父已三十年了,从一个懵懂少年进入了不惑之年,把侯派的艺术继承下来,并传承下去,是我的义务和责任。

我祝恩师艺术生命长青,身体健康!

大匡胤,小京娘,百年昆韵情谊长

周好璐[1]

我出身南方艺术氛围浓郁的昆曲世家,这样的成长环境注定我这一生就要从事昆曲事业。

儿时,江苏省昆剧院的排练场是我玩耍、看戏的地方;上戏校时,每逢假期,杭州的爷爷奶奶家,便是我学戏的"夏令营"、"冬令营";读大学时,江苏省昆剧院的兰苑剧场是我向家乡父老汇报学习成果的平台;现在工作了,北昆的排练场成为我潜心探索艺术的"禅室";父母的住所,又是给我排戏说戏的"据点"。

在学艺的道路上,我确实是非常幸运和幸福的,受到了太多家人、老师的关爱和培养。尤其令我不能忘怀的是,2011年10月,为纪念祖父周传瑛诞辰一百周年,我与侯少奎先生在杭州合演了《千里送京娘》一剧。

在侯少奎先生三出最具代表性的剧目中,《千里送京娘》是唯一一出武生与旦角搭配合作的。1962年由北昆前辈名家侯永奎和李淑君首演。50年来,该戏成为了具有北昆特色的经典保留剧目,久演不衰。其中赵京娘这个角色更成为衡量北方昆曲旦角演员艺术水准的一个标杆。尤其难得的是我和侯少奎先生此次合作演出,是这个戏诞生50年以来,南北昆两个昆曲世家后人的首次联袂演出,意义非凡,不仅成就了一段梨园佳话,而且这背后的故事更是让我感动不已。

侯少奎先生在戏曲界可谓鼎鼎有名。他不仅是北方昆曲的代表人物,更是北方昆曲剧院的一面旗帜。他与父亲侯永奎先生,俱享有"活关公"的美誉。大气、浑厚是侯派的表演艺术特色。在南方听惯了清丽柔婉的昆曲的我,参加北昆工作后,有一天正巧看到少奎先生响排《单刀会》。之前我也曾在电视中看过他的表演,但是如此近距离的观看还是第一次。虽然只是响排,但我已被深深震撼。少奎先生身高一米八多,魁梧伟岸。一出场,那种不怒自威的气势已镇住全场。再加上天生嘹亮高亢的嗓音、威武大气的身段,我不禁从心里赞叹,只有少奎先生才能演绎出这般如同"大江东去浪千叠"般磅礴的气势!他所塑造的关羽、赵匡胤等诸英

---

[1] 周好璐,昆曲大师周传瑛先生的孙女,国家二级演员,文学硕士。现为北方昆曲剧院优秀青年旦角演员。

雄,可谓是神形兼备,在戏曲界很难再找出与之媲美的第二人。

先生虽说在艺术上有着极高的造诣与名望,但在生活中,却是一位非常朴实、和蔼的长者。看到我们这些晚辈、学生们,总是乐呵呵地与我们聊天、说戏。记得先生第一次看我京娘的排练时,我特紧张,加上天热,一段"杨花点点"走下来,我已经满头大汗了。先生直乐,连说:"看把孩子紧张的,快喝点水歇歇吧! 挺好的,咱爷俩演没问题!"先生喜欢把我们年轻演员称为"孩子",这称呼听着那么亲切、慈祥。一声"孩子",透出少奎先生对于我们后辈的关爱与殷切期盼。

在与少奎先生排练《千里送京娘》的过程中,让我对他高尚的艺德有了更深的认识。先生那年73岁,已算古稀之人,《千里送京娘》这出戏又是他最为炉火纯青的代表剧目之一。按理说和我这样的晚辈排戏,他的身段、唱腔点到为止即可,甚至不用走出来,坐在一旁说说戏都是理所应当的。但出乎我意料,先生不仅没有这般,反而每次排戏都是满宫满调,完全按照演出时的精气神来演。在给我说舞台调度时,还会给我示范京娘的感觉和身段。这样一位威武之人,竟能表演出十五六岁小姑娘的神态,精彩之极! 譬如在剧中,京娘问赵匡胤:"那水面之上?"赵匡胤答:"乃是片片落花。"京娘紧接:"落花有意随流水。"这一句实乃京娘向赵匡胤表露爱意之词。原先我按照老的演法,就在原地念出这句台词。侯老师说:"赵匡胤心在平定天下,对赵京娘的暗示,一直在推托和装作不知,不予回应。因此这一句'落花有意随流水',京娘要主动一

《千里送京娘》
侯少奎饰赵匡胤,周好璐饰赵京娘(2011)

些。"他让我念完"落花有意"这四个字后,鼓足勇气,边念"随流"两字,边向赵匡胤快步走近两步,赵匡胤随之退后两步。京娘忽觉羞涩,收住步伐,轻声念出最后一"水"字,身子微蹲,手往匡胤方向伸出,但面庞则扭向另一边。这样处理,一下就把少女微妙的心态表现出来。剧中像这样的小细节,先生给我说得很多。使我更加明白了"戏乃细也"这句话的含义。演员不放过任何一个"死

角"，表演便显得格外生动、细腻。

在杭州期间，侯先生得知我们要去给祖父上坟，他也坚持要去。在祖父坟前，先生不顾劝阻，执意跪下，向祖父恭恭敬敬地磕了三个响头。起身时，他的额头都有些微红。先生以北方人特有的实诚，用最质朴的方式向昆曲前辈致敬，感动了在场的每一个人。

2011年10月11日是先生和我正式演出《千里送京娘》之日，这天终生难忘。中午吃饭时先生还留着板寸，下午在剧场见到他，已把头刮得干干净净，更让我惊诧的是，这头还是先生自己在屋里用刮胡刀剃的。我脑海中一下就浮现出这样的画面：先生对着镜子，眯着眼睛，仔仔细细地把头刮了，认真地准备着晚上的演出。如此敬业和一丝不苟，真是令我感动！十月的杭州还是很闷热。尤其在剧场里，因为走台的缘故，工作人员就没有开空调。舞台上的灯光出奇炽热，不要说排戏，光是站在台上就已经让人热得难受。这种情况下，先生完全可以提出来不用走台，但是他担心我不适应新的舞台，又是第一次演，所以仍旧陪着我认认真真地排了一遍。走完台，我们爷俩就像从水里捞出来一般，浑身都湿透了。更让我揪心的是，先生出场时，不慎扭了一下，使原本就有旧伤的左腿更加疼痛。我看了又心疼又难受，先生宽慰我说："今天是周老师诞辰百年的演出，咱爷俩好好唱，我一定挺得住！"晚上正式演出时，先生未出场的一声念："贤妹，趱行者！"真是宝刀不老，七十多岁的老者，嗓音依旧高亢嘹亮，引得全场掌声雷动。等出场时，先生饱满的情绪、精彩的表演让观众更为激动！他在台上，用十足的劲头和激情带动着我，我们的每一段唱，都博得了观众热烈的掌声。我们这对相差四十余岁的老少搭档，南北百年昆曲世家的传人，怀着对昆曲的虔诚、对前辈的敬仰，对于"传承"二字的理解和行动……全部融入《千里送京娘》这出戏中。谢幕时，我赶紧搀出已疼得走路有些一瘸一拐的先生，向观众谢幕。谢毕，我在台上面对先生深深鞠了一躬，表达我的感激和崇敬之情。谁料先生也冲我回礼鞠躬，刹那间台下响起经久不息的掌声。我想此时此刻，大家都理解了我的举动，也感动于侯先生的举动。

一出《千里送京娘》，不仅包含了少奎先生对我的厚爱、提携，还有他常说的"父一辈，子一辈"的梨园情谊。我们的祖辈、父辈都是坚定的"昆曲守望者"。我虽年轻，但是我能理解少奎先生"昆曲是我们安身立命的饭碗"这发自肺腑之言的分量和含义。祖父周传瑛对于昆曲的巨大贡献在此已无需赘述，而他在世时最担心的事就是昆曲的传承。在祖父百年诞辰之际，少奎先生带着我演出了《千里送京娘》,"薪火相传"之意,尽在不言中。我明白,观众的掌声和喝彩,既包含了对少奎先生的崇敬,也有对我的肯定和鼓励。相信祖父在天有灵,也当欣慰万分。

2011年12月2日,北方昆曲剧院举办了盛大的"百年风华——昆曲大师侯永奎先生诞辰100周年纪念演出"。为了展示本院青年演员的风采,先生特意安排我和师哥杨帆在梅兰芳大剧院演出《千里送京娘》,演出取得了圆满成功。2011年12月21日,应全国政协的邀请,在全国政协举办的"两岸四地中国戏曲艺术传承与发展·北京论坛暨2012年全国政协新春戏曲晚会"上,先生和我再度合作出演《千里送京娘》,受到党和国家领导人以及全国政协委员们的热情赞誉。

现在回想,一出经典剧目,我能在祖父百年诞辰,以及全国政协的新春晚会演出中与少奎先生两度合作,可谓三生有幸。先生教会我的,又岂止是一出《千里送京娘》!

真可谓:南北昆,相融合,传世水磨流布广;大匡胤,小京娘,百年昆韵情谊长。

舞台下的少奎老师

张　蕾[1]

提到侯少奎老师,人们首先想到的往往是"天下独步"的"活关公","一宵儿奔走荒郊"的"活林冲"和"一条蟠龙走天下"的大丈夫赵匡胤等一系列舞台艺术形象,侯老师将这些角色塑造得经典传神,光彩照人,让人久难忘记。但于我而言,接触更多的却是舞台下的侯老师,相对于舞台上他演绎的那些颇"不食人间烟火"的英雄人物来说,生活中的他则越发显得真实生动,可亲可敬。

在与侯老师熟识之前,我对他的了解除了工作中仅有的短暂的几面之缘和一些介绍文字之外几乎是一片空白,只知道他出身北方昆曲世家,是著名的武生演员,表演艺术家。直到2006年,剧院决定由胡明明老师执笔撰写出版侯老师的传记《大武生——侯少奎昆曲五十年》,而我有幸作为这本书的统筹参与了此书从无到有的整个过程,才有机会和侯老师有了相对较多的接触,更有幸从此与侯老师成为了忘年之交。

还记得《大武生》正式开始启动的第一天,负责具体撰写工作的胡老师让我约侯老师到剧院沟通写作的内容,请侯老师分几次口述家庭、工作等经历,由我负责录音并将其整理成素材,再由胡老师将各种素材和资料等重新编排结构、组织语言、撰写成书,这是一个很艰苦的过程。当时正值炎炎夏日,侯老师的家又远在京南亦庄,所以进行准备时我一直想,这位老艺术家能不能按时前来,有没有架子,好不好相处……正想着,侯老师就边和我们打招呼,边风风火火地准时走进了办公室,随意的衣着,坦诚的言语,爽朗的笑声,像是有一种天然的亲和力,让我脑子里的一个个问号和初见这位著名艺术家的拘谨顿时烟消云散。

在接下来的日子中,侯老师认真的态度也让我印象深刻。《大武生》历时数月,从挥汗如雨的盛夏到寒风凛冽的严冬,侯老师来剧院录音近十余次,每次都是胡老师提问,然后侯老师回答,一录就是两三个小时,中间往往只休息一小会儿,喝口水,然后继续录,没有丝毫的懈怠。他还常谦虚地说:"我的文字水平不高,尽量

---

[1] 张蕾,女,北方昆曲剧院编剧。作品有昆曲"大都版"《西厢记》、昆曲现代戏《陶然情》、豫剧《赵匡胤》、昆曲"摘锦版"《西厢记》等。

侯少奎与张蕾合影（2006）

把我知道的和我经历的说全一些,给你们提供素材。"他还风趣地和胡老师说"我演戏是专业,但写书你专业,是我的老师,比我辛苦得多,有什么要求和问题尽管和我说,我一定尽力配合,一起把这本书做好。"他是这样说的,也是这样做的。不论是前期工作的录音和各种图片、资料的准备,还是脸谱和身段谱的拍摄,以及需要侯老师手书的一些书法,只要胡明明老师提出,他都全力认真地配合完成。

那一年,在北京最闷热的伏天,我们曾和侯老师一起顶着正午的太阳到鲜鱼口、陕西巷、校尉营这些对他来说有纪念意义的地方走访、拍照;那一年,在北京最寒冷的季节,我们曾和侯老师一起在北昆简陋的排练厅为《大武生》一书拍摄"侯三出"的身段图谱和"关公十二刀法";那一年,我还知道了侯老师最喜欢吃老北京的涮锅子,而且一定要是正宗的炭烧铜锅儿,边吃边涮的那种,我们几个人守着热气腾腾的火锅儿兴奋地讨论这本书的情景至今仍清晰如昨……

记得胡老师把书的初稿全部写完并在电脑上排成小样请侯老师看的时候,侯老师每次都是自己开着车,从北京的城南到城北,纵贯半个京城,然后风尘仆仆一头扎进电脑房里,戴着眼镜一行一行、一个字一个字地看书稿。密密麻麻几十万字,连续好几天要对着电脑校对,年纪轻的人看时间长了都犯晕,都容易串行,更甭说是已近70岁的人了。我劝侯老师注意休息,可侯老师总是笑呵呵地说:"我不累,比起胡明明一个字一个字地写出几十万字,校对的活算不了什么。"侯老师为了这本书,为了把他的艺术留给后人,用他自己的话说是"玩了老命"了。

当这本散发着墨香的书第一时间送到侯老师手上的时候,他把书捧在手里,翻来覆去,爱不释手,像看一件珍贵的"宝贝"似的,边看边惊讶地说:"哇,书出来了,太不容易了,太棒了,谢谢了,谢谢了。"侯老师笑了,和舞台上威严的"大武生"比,我第一次看到舞台下的侯老师笑的是那样甜,那样美,那样率真,那样灿烂,就像一个终于得到了朝思暮想"宝物"的大小孩。

在做书的过程中，自然少不了要多次去侯老师家拜访，而到了他家，便更觉侯老师的至情至性和多才多艺。

那时去侯老师家，往往还没进门，就先听到狗狗们欢快的叫声，等门一开，狗狗就争先恐后地拥上来，抱住你的腿，或是在你脚下钻来钻去以示欢迎。这些小机灵都是侯老师收养的，它们中有的是被遗弃的，有的是有残疾的，但可以看出，在这里它们生活得开心而又快乐。侯老师待它们就像小孩子一样，给它们各自画了幅漂亮的"肖像"，还给它们起了好听的名字，黄色卷毛的叫麦丽，三条腿的叫牛牛，牙齿不好最弱小的是宝宝……我们和侯老师围在桌边说话，它们几个就乖乖地卧在脚边睡觉；我们吃饭的时候，它们会轮流过来和你亲昵地争宠要食。侯老师家还养过不少流浪猫，记得有一次，侯老师到单位办事，刚刚上楼就接到电话，说家里的猫跑丢了，他马上急急地又赶了回去，只为了找那只跑丢的小猫。我也是个特别喜欢小动物的人，家里也收养了三只流浪猫，所以我知道收养这些小家伙需要付出不少的时间和精力，而这些曾经流浪过的动物还能对人如此亲密，那一定是它们现在的主人待它们非常友善，给了它们足够的爱，才能消除它们过去曾有过的阴影和对人的戒心，才能让它们恢复往日的神采。

到了侯老师的家就不能不说说他那几乎占了书房四分之一空间的大书桌。侯老师在到北昆成为演员之前，是习过画的，而他的书法造诣也相当了得，因此，桌面上笔墨纸砚章一样不少，笔架、镇尺、印泥也是一应俱全。每当有人向侯老师求字，他都要认真地先在一张小纸上将要写的内容写先上一遍，遇到不知该写什么好或是拿不准的时候他也不惜去请教别人，甚至是我这样的晚辈。有次一对新人结婚，他要送一幅字，通常情况下侯老师这样的长辈送一幅字给晚辈哪怕是写个百年好合之类也算尽到心意了，但侯老师不，他特意打电话给我，说想写一幅喜气又不俗气的字送给这对新人，问我写什么词儿好，我当时真是没想到为了这样一件事他会在晚上专门打电话向我这样一个小辈请教，于是赶紧在大脑中紧急搜索了一番，向他推荐了"丝萝春秋"这几个字。然而，认真的侯老师并没有满足，继续追根问底，说知道了怎么写还不够，还要我把"丝萝春秋"这个词的意思和含义讲给他听，讲完后，他又给我复述了一遍这才满意地放下电话。

说到侯老师的书法，我是多次亲眼得见侯老师挥毫泼墨的场景的。比如在做《大武生——侯少奎昆曲五十年》一书的时候，胡明明老师提出希望书名请侯老师亲自写,侯老师问写什么书名,胡老师说他早想好了,就三个字,"大武生"!这也是我第一次看侯老师写字。"大武生",多好的书名,多好的书法,干净简洁,苍劲有力,名如其人。

每次侯老师在书写之前,都会将事先写好的小样放在桌边,然后熟练地抽出一张宣纸按字数多少留白几分叠出印子,再砚好墨,从笔架上挑选一支大小适当的笔,随后凝神静思、一气呵成。最后,拿出他那"虎坊斋"的名章饱沾红泥按于纸上。这样,一幅挥洒自如的书法作品就完成了。每每将写好的字放在地板上晾干时,他总会笑呵呵地问站在一旁观看的我们:"怎么样,行吗?"——真是认真到可爱。

如果说能书善画是"雅趣"的话,那么对于下厨做饭这种"俗事"侯老师也绝不是外行。侯老师拿手的"侯氏炸酱面"几乎已经到了"尝者皆夸"的"境界"了。每个到过侯老师家的人差不多都吃过侯老师的这道"看家面",每个吃过侯老师这道"看家面"的人都会对它的美味赞不绝口。筋道的面条,浇上几勺浓稠油亮的炸酱,再配上切得细细的菜蔬,红红的萝卜丝,绿绿的黄瓜丝,放上些醋汁,用筷子挑起拌匀,顿时浓浓的酱香四溢,再就上一瓣蒜,虽然简单,却真算得上是人间美味了。我本是吃素的,原以为和此面无缘,但细心的侯老师还专门做了好吃的素酱,让我也如愿尝到了侯老师的好厨艺。

2010年是农历庚寅年,是侯老师的本命年,而传说中关公也属虎,因此才有了那一年北京电视台春节联欢晚会上的节目《金关公》,得知胡明明老师和我等为侯老师量身打造的这个节目大受观众欢迎后,侯老师很高兴,他说:"红关公是人,金关公是神,我父亲解放前在舞台上就多次勾过金脸关公。"这是侯老师第一次勾金脸关公,极难得一见,也遂了侯老师的一个心愿。我和侯老师说,其实我也属虎,虎年也是我的本命年呢。于是,侯老师特意写了一个"虎"字,送给我这个"不吃肉的老虎"。这个"虎虎有生气"的"虎"字被我精心装裱,至今挂在家里的墙上。

古人云:"老当益壮,宁移白首之心;穷且益坚,不坠青云之志。"几年来,与侯老师越是熟识,越觉得他身上的朴实坦诚和认真执着的可贵,也越觉得侯老师不仅是艺术上的佼佼者,更是生活中的性情中人、可爱的"老顽童"。在这里,我这个"小老虎"祝愿"大老虎"侯老师健康快乐,平安吉祥,艺术长青。

后　记

　　我是昆曲武生名家侯少奎先生的拥趸,崇拜他在舞台上塑造的各类英雄形象:《林冲夜奔》中的"豹子头"林冲;《千里送京娘》里有着"壮志雄心复汉唐"胸怀的赵匡胤;更有《单刀会》中器宇轩昂、单刀赴会的"美髯公"关云长。

　　戏曲古来有彰显英雄气的情结,北方昆曲更承袭了"燕赵"尚武传统。侯少奎先生秉承其父亲侯永奎先生衣钵,有着天然扮演"英雄"的魁梧身材和高亮嗓音,天赋、家传、扮相、嗓音皆好,祖师爷赏饭,天助侯少奎,使之在北昆大武生这个行当演"英雄豪杰"独步当代,蜚声昆坛。

　　2011 年 12 月 2 日,北京岁末寒冬,细雪飘洒,梅兰芳大剧院人声鼎沸,满坑满谷,72 岁的侯少奎先生粉墨披挂,登台献演"双出",开场一出京剧《四平山》,蹲底一出昆曲《单刀会》,昆乱不挡,雄风依旧。更令人难忘演出结束时侯少奎和裴艳玲两位当今侯派武生艺术顶级传承人相拥相抱,并与昆曲名家蔡正仁、计镇华以及众多参演的青年演员们一起向观众谢幕的场景,全场掌声雷动,卒章显志,完美诠释了"百年风华——纪念昆曲大师侯永奎先生诞辰 100 周年纪念演出"之"传承不朽"的主题。

　　在演出结束的专题研讨会上,曾问艺侯永奎先生的裴艳玲先生动情言道:"主席当年让我向侯永奎先生问艺,从皮黄《夜奔》改学昆腔《夜奔》,回头看,我幸运这道走对了,就是这一出昆《夜奔》让我一举成名成家。所以,纪念侯永奎先生的演出我铆上了,不给钱也要来,平时唱一支曲子,这次我唱了四支曲子……"裴艳玲先生此言不虚,作为侯氏《夜奔》64岁的女性传承人,那晚演出她恰如一头出山"豹子"般,素颜素妆,一张表情极丰富的脸,一双传神之眼睛,一身仙风道骨般的身段,把悲情"豹子头"林冲演得淋漓尽致,入木三分,令四座惊叹、惊诧,大呼"侯派武生真传人"也。

有人感叹,说昆曲几百出老戏传到现在就剩几十出了,痛心疾首。可是从"一出戏救活一个剧种"的《十五贯》,再到一出《林冲夜奔》成就了侯少奎、裴艳玲的事例实则又印证了"山不在高,有仙则灵,水不在深,有龙则灵"的简朴古训。耿介之士,良心之言,谁都不要说自己身上有几十出上百出,真能传承留下去并打上自己艺术风格印记者,每个演员能有两三出拿手的戏,能塑造出两三个传神人物足矣。"少"是大儒,"精"是大美,李白一首仅20个字的五绝《静夜思》,远胜鸿篇巨制,旷古无双,妇孺皆知,千古流传。

回首少奎先生从艺55年历史,他演得最多的是"侯三出",让大家记住的也是"侯三出",青年演员传承最多的还是"侯三出"。永奎先生给少奎先生留下的具有代表性的这份"侯氏"遗产,足以让少奎先生继他父亲之后成为北昆大武生行当最重要的代表人物。

为什么"侯三出"能够成为北昆的经典保留剧目?从传承的角度看,概括地讲"侯三出"具备了特殊性和普遍性的辩证统一。首先"侯三出"姓"北方",是北方昆曲之"燕赵"历史所决定的,这是"侯三出"的特殊性。其次是"武生戏",这是普遍性。再次是其艺术性:"一场干"的《林冲夜奔》,非常吃工;讲究功架的勾脸戏《单刀会》,气场威严;而《千里送京娘》则打破了传统武生戏极少有和旦角演"对儿戏"、"抒情戏"的传统。"侯三出"中包含了武生戏及武生勾脸戏中的表演、唱腔、身段、脸谱、扮相、锣鼓等,具有相对完整的基础性、系统性与传承意义和审美意义。当然,还有就是传承剧目一定要传承名家的名剧,名家所演的戏不一定都是"看家戏",而"看家戏"一定是名家的代表剧目。所谓代表剧目,就是集中浸透了表演者个人艺术风格,经过千锤百炼,不以时代的改变而改变,具有相对成熟性、稳定性,并适合后人传习的剧目。名家身上的"看家戏"一般来说也就是几出而已,是从众多剧目中提炼出来的。能够被后人传下去的一定是代表作,一人不可能几十出上百出都是代表作,如都是,就一定都不是,这在侯永奎与侯少奎父子身上就非常说明问题,这是戏曲传承的规律。所以,"侯三出"的现实传承意义还有一个重要的启示,就是告诉后人如何选择传承剧目,如何结合自身特点以及选择什么样的剧目来传承才能更有实际效果和审美意义。

通俗地讲,传承要"进对门"、"选对戏"。"侯三出"当年侯永奎也教过许多人,基本上换一人演就有一个人的演法,有很多版本。而艺术的规律和经验告诉我们,后人传习一定是要选最好的,选普遍认可的名师和名剧来传承,站在名师的肩膀上,当会事半功倍,反之则不然。假如裴艳玲当年不问艺永奎先生,也许就不会有她今天的成就,道理很简单,名师出高徒,名剧见真功。

男儿宝剑,偃月单刀,风云蟠龙,"侯三出"的传承过程可谓"力搋顽石方逢玉,尽拨寒沙始见金"。

然时光流转,在侯派大武生艺术盛名之下,还是不免怀深深忧虑。环顾当今昆坛,北昆一堂前辈人马早已花开花落,寥无声息,令人唏嘘;而回首看,具有北方昆曲特色且真传至今的遗存剧目和人,戏只余"侯三出",人只剩少奎先生矣。

假若没有"侯三出",当今的北方昆曲还能叫北方昆曲吗?

回首往事,上世纪初叶的北京,冬天,北风卷着黄沙,天寒地冻。前门鲜鱼口胡同内,呼啦啦来了一帮灰头土脸的农民队伍,几辆破旧的排子车上装着全部家当。远观,携老挽幼,似"闯关东"逃荒的难民;近瞧,前拉后推的排子车上,竟然还露出几件斑斑锈迹的锣鼓家伙。暮色之下,这些地道农民,这些大部分第一次来北京的农民,这些为了混饭链而走险想到"皇城"撞大运的农民,悄然直奔鲜鱼口胡同内的天乐戏园而去……

这一幕发生在 1917 年岁末,之所以要晋京,是因为他们想在北京打下一个相对固定的"场子",是因为他们知道,在家乡河北,老是打一枪换个地方,没有相对固定的观众群,没有相对固定的"场子",这对一个靠演戏吃饭的农村社班是多么危险的事情。早听说身边的北京是个很大的城市,是皇城,一定有更多挣钱吃饭的机会。于是一群农民终于做了一个惊人的决定,离乡背井,到京城找饭去。

谁也没想到以后的日子,就在这些"凄凄惨惨戚戚"的农民队伍中竟然出现了一批昆曲大师。不光是当时的人们没想到,就连这些农民自己也根本没想到,竟然就是他们让有着几百年历史的高雅昆曲,愣是在前边加上了"北方"二字。这两个字非同小可,要知道更早的时候,在昆腔进京之时,就连皇上也没敢这样做。

历史从不以"衣帽取人",皇上没做到的事情,"农民"做到了。

在北方昆曲的历史上,有三个重要的历史阶段应该永远记住:清宣统三年

（1911）"荣庆社"成立；民国六年（1917）"荣庆社"进驻北京天乐戏园（大众剧场）；1957年，北方昆曲剧院正式建院。在上述三个历史阶段中，"荣庆社"进驻北京天乐戏园起到了极为重要的承上启下的关键作用。

从农村到城市，从露天地头到现代剧场，就是这两大步，成就了北方昆曲。"荣庆社"这支农民队伍是怀着极其忐忑不安的心情来进京"赶考"的，只不过这次"赶考"的目的不是"当家作主"，而是养家糊口找饭吃而已……终于，这些北昆前辈没有让人失望，他们在北京站住了，这才有了北方昆曲这一支脉。

1997年在北昆成立40周年的时候曾编了一本名叫《荣庆传铎》的书，书中主要的部分都是荣庆社的前辈们对当年艰辛的回忆，其中就有侯永奎先生的回忆，读来让人百感交集。

"荣庆传铎"的"荣庆"好解释，指1911年成立的"荣庆社"，后来"荣庆"成了"北方昆曲"的代名词。这年是农历辛亥年，爆发了中国历史上举世闻名的辛亥革命。

再说"荣庆传铎"的"传"字，传就是传播、传送、传习、传承等，表达了世代相传的意思。1917年，"荣庆社"从农村进驻北京天乐戏园，这不仅是北方昆曲历史性的转折，更是逐步完成了北方昆曲从郝振基、陶显亭、侯益才、王益友、侯益隆、白云亭、朱小义等一代人传承到韩世昌、白云生、侯永奎、马祥麟、侯玉山、魏庆林等一代新人手里的过程，这个过程的完成标志着北方昆曲的演员们完成了从农村卖唱的农民艺人身份到具有城市现代职业艺人身份的转变。从农村到城市，从农民艺人转变为城市职业艺人，历史意义重大。这一年，"新文化运动"的开创者之一陈独秀在《新青年》上发表了著名的《文学革命论》，举起了"文学革命"的大旗。还是这一年，提倡思想自由的蔡元培开始任新文化运动最重要的发源地——北京大学的校长。也就是从那时起，北方昆曲和北京大学结下了"双北昆缘"。

"荣庆传铎"中的"铎"字原意为古代宣布政教法令用的一种类似今天如铃铛一样的能发出声响的器物，也是古代的一种乐器，其历史可以追溯到商周时期。铎有木制和铜制之分，木制为木铎，又称文铎，古为宣政布政之用；铜制为金铎，又称武铎，古为指挥军队之用。孔子曰"天将以夫子为木铎"，故有"木铎金声"之典。如今，北京师范大学的校徽就是一个"木铎"的样式，以表示授业解惑的意思。

早年，北方昆曲这个"铎"传到韩世昌、白云生、侯永奎、马祥麟、侯玉山等前辈的身上后，可以说是文之"万斛泉源，不择而出"，武之"枪刀剑戟，无样不精"。

出戏实不易,出人难上难。如今,北昆的"铎"音还纯正吗?"铎"声还响亮吗?忧中怅然。

人总有谢幕的时候。当雪泥鸿爪,渐成陈迹,繁华落尽,有谁来守候?今后北昆舞台上"横刀立马"之"大武生"者,试问执牛耳者谁人乎?盖当务之急,为少奎先生"树碑立传"尤是一件功德后世的事情。

为少奎先生写传,文风绳尺当为首旨。卖弄玄虚的"迂腐气",无病呻吟的"脂粉气",以及不着边际、堆砌辞藻的花拳绣腿、虚假文风等显然都不得要领。生活中的少奎先生,朴素无华,憨厚忠良,性情内敛。学艺之外,善亲朋,喜书画,怜猫狗,少心计,言木讷。故以为写侯少奎传还应以先贤《史记》文风绳尺为楷模:"实录"为源,"不虚饰,不隐讳"为本。

《史记》不仅为后人留下了"史学"准绳,也留下了如何"写人"的文学范本,留下了一系列栩栩如生的人物形象和众多鲜活的故事。千百年来,这些人物和故事裹挟着世事沧桑,早已成为中国传统文化传世之典故典籍,成为中华灿烂文化形象之灵魂。

如此,将尽力为读者还原一个真实可信的"大武生",有悲有喜,亦苦亦甜,是人不是神。企望能为后辈青年演员的发奋和接力起呐喊鼓动和榜样激励之作用,更可让后人汲取前辈经验与教训,以少走弯路。

但愿北昆之"铎"能金声玉振,不绝天下耳。

最后要感谢传主侯少奎先生的大力支持和首肯;感谢该丛书主编谢柏梁教授;感谢周传家先生为本书作序;感谢为本书提供相关帮助的少奎先生好友王德林老师;感谢为本书提供图片资料的吴赣生先生;还要感谢侯爽晖、侯晓牧、杨帆、周好璐、张蕾等各位同仁,这几位很是辛劳,专门为本书撰写了文字,使读者能从不同角度了解侯少奎先生的艺术与人品。尤其要提出感谢的是上海古籍出版社的钮君怡责编。我与钮编辑未曾谋面,但从她对本书提出的许多具体、中肯、专业的审读意见中可以感受到,钮编辑是一位对传统有一定认知,对文风有一定把握,"善尺牍"、"懂疏密"的优秀编辑,正是由于钮编辑的努力,才使本书避免了不少的讹误。上述各位对本书热忱的支持和积极的帮助,谨此一并致谢。

胡明明

2012 年 3 月

后记

图书在版编目（CIP）数据

铁板铜琶大江东：侯少奎传 / 胡明明著. —上海：
上海古籍出版社，2012.11
　（中国京昆艺术家传记丛书）
　ISBN 978-7-5325-6644-0

　Ⅰ.①铁… Ⅱ.①胡… Ⅲ.①侯少奎—传记
Ⅳ.①K825.78

　中国版本图书馆CIP数据核字（2012）第216770号

中国京昆艺术家传记丛书
铁板铜琶大江东
——侯少奎传

胡明明　著

上海世纪出版股份有限公司
上海古籍出版社 出版
（上海瑞金二路272号 邮政编码200020）
（1）网址：www.guji.com.cn
（2）E-mail:guji@guji.com.cn
（3）易文网网址：www.ewen.cc

上海世纪出版股份有限公司发行中心发行经销
上海丽佳制版印刷有限公司印刷
开本787×1092　1/18　印张11$\frac{2}{18}$　字数200,000
2012年11月第1版　2012年11月第1次印刷
印数　1-2,100
ISBN　978-7-5325-6644-0/J・431
定价：38.00元

如有质量问题，读者可向工厂调换